大都會文化
METROPOLITAN CULTURE

大都會文化
METROPOLITAN CULTURE

大都會文化
METROPOLITAN CULTURE

大都會文化
METROPOLITAN CULTURE

我在華爾街的日子

前言

本書的起源要追溯至我回到首爾的二〇〇〇年。很多人都勸我寫書，最先提出此事的人則是我的母親。她看了我的日記之後，說道：「這樣的文采不能就此埋沒，不妨寫一本書吧？」

當時我下定決心要展開新的人生，所以並不把母親的話放在心上。沒想到後來連朋友們也鼓勵我，將華爾街的經驗寫成書。

我不耽溺於過去，更不想自以爲了不起，因此還是沒有提筆的念頭。反而許多知道我的經歷的人，好像遇到什麼救苦救難的菩薩似的，紛紛向我求教。甚至連我教授的學生都對我在華爾街的經歷興趣濃厚。最後，終於使我萌生寫書的想法。

很多學生對於華爾街抱持著莫名的幻想，想要具體了解那個地方是怎麼運作的。到底身爲女人的我，如何在華爾街這個極度男性中心的世界裡存活並成功呢？

我的學生有六成以上是三、四十歲的男性，來自各行各業。他們總是在上課時要求我敘述在華爾街的各種經歷。其中一名現任公務員的學生，他的話對我產生了極大的影響。

「老師會有今日的成就，是得自於許多人的幫助。現在該是老師要以某種方式來回饋大家的時候了。」

直到這時，我才眞正找到自己往後的目標。我決定將人生的後半段奉獻在幫助別人上。總是躲在「我的過去是我自己的事」的保護層後，是種自私的做法。以年輕的韓國女性之身踏上華爾街的成功階梯，這故事固然有其意義，但是我想更重要的是，我完成夢想後才發現的眞實。

現在的我，已有餘力以比較冷靜的態度回顧昔日的種種錯誤。當時各種難堪或椎心之痛的經驗，現在都變成無價的珍貴教訓。

眞正的社會典範不只是要展示自己的成功經驗，對於高難度的考驗、痛苦和責任，也要開誠佈公地細說。沒有經歷過考驗，不可能會成功。人們常常忘了錢幣是有兩面的事實。成功的回憶只能滿足人們一時的虛榮心，其間的磨練才是讓人成功的重要因素。因此，我抱持著這樣的想法，寫出我在華爾街的歷練和經驗。

目錄 Contents

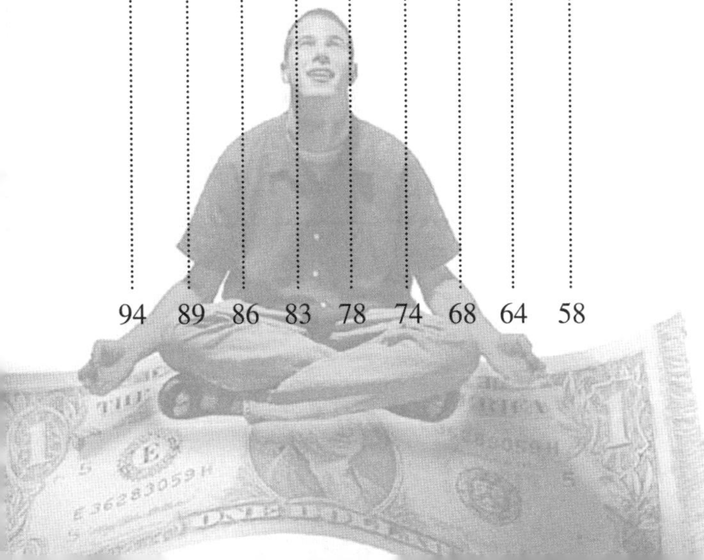

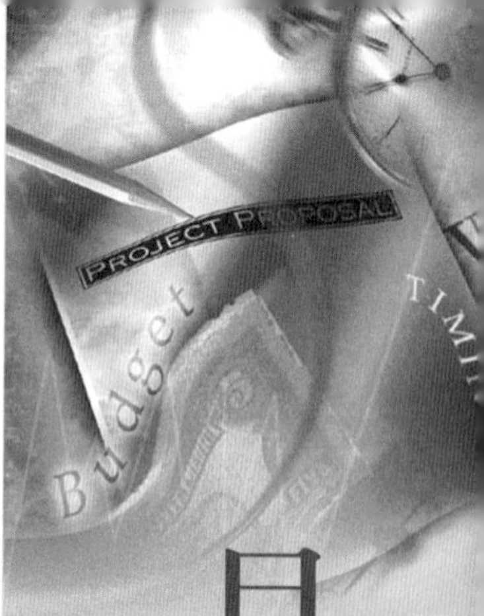

目錄 Contents

第三章　別做無謂的攻擊

1

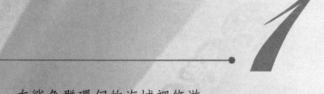

第一章

世界最激烈的生存金字塔

1 在鯊魚群環伺的海域裡悠游

早上六點四十五分，大轎車分毫不差地到達上東區我的公寓前面。和同事們不同，在三十四歲之前就爬到歌劇女主角位置的我，受到和一般企業CEO相同的禮遇，搭乘大轎車上下班。

在長約四十分鐘的上班途中，我在安靜的車裡閱讀著業界人人必看的《華爾街日報》。早上一睜開眼睛就看電視的經濟新聞，因此在我腦子裡已經複雜地規劃起昨晚亞洲市場發生的事對我的一天會有什麼影響。

左邊是東河迷濛的水勢，右邊是曼哈頓東區多采多姿的風景，我像個如往常準備戰鬥的軍人一樣，平靜地做好心理準備。

曼哈頓某個歷史悠久，以紐約證券交易所爲首的數千個金融公司櫛比鱗次的角落，稱爲華爾街。清晨的陽光穿透而下，莊嚴的天際輪廓線橫蔽我的視野。

包含現在已經消失的世界貿易中心雙子大樓，形形色色的超高層建築物林立，若是曾在近處看過下曼哈頓這令人屏息光景的人，必定也感受過這個都市令人眼花繚亂的運轉活力和亢奮。這光景就好像磁鐵一樣把我的視線吸引過去，讓人不得不從報紙中抬起眼睛看向車窗外。

瞬間，我不自覺地低聲呻吟。如果要守住現在的地位，應該怎麼做呢？要如何開發新的工作案呢？要怎麼做才能說服客戶完成交易呢？要到哪裡開發新客戶呢？爲什麼客戶願意把案子委任給我？我眞的有足夠的能力回應他們的信賴和期待嗎？也許今天就是我在華爾街的最後一天了呢？

每天我都爲這些問題苦惱不已。宛如賽前的運動選手一樣，極力想要平心靜氣並集中精神。不知不覺間，大轎車已經來到辦公室，我必須進入華爾街這嗜血的競爭舞台上了。

一走出電梯，四處傳來同事們的招呼聲。不過幾分鐘前，我還經歷著那麼激烈而痛苦的瞬間。我是怎麼來到這裡的？忙碌的工作之餘，經常會浮現這樣的疑問。

2 明星誕生的出道派對

一九九三年夏天，坐落於曼哈頓的法式美麗酒店「聖瑞吉斯」舉辦雞尾酒派對。雖然出席者只有三十多人，但卻個個都是掌管華爾街的重要人物。紐約最大機構投資者之一的「聯合國退休基金」第二把交椅賽門．季昂也到場了。

我從經過的侍者托盤裡拿起香檳酒杯和賽門乾杯。華裔的賽門頭髮理得很短且體格矮小，外貌不甚出，但在業界裡卻舉足輕重。

原本想要和他深談，因其他客人陸續前來而作罷。

當我結束獻身六年的「霸菱證券（Baring Securities）」生涯，轉換跑道至「里昂信貸證券（Credit Lyonnais Securities）」時，新公司對我抱持極高的期望。不僅授予未滿三十四歲的我「理事」的職銜，同時還提供實質上「NO.2」的地位，年薪等其他條件也是以最高標準計算。

里昂信貸（C.L.）雖然在亞洲投資方面有獨到眼光，但和霸菱相比，卻還是個微不足道的新生業體，說是「路邊攤」也不爲過。總公司位於法國的C.L.紐約分社長「大狸貓」，將亞洲市場，尤其是韓國市場首屈一指的專家的我網羅進來，爲的是期待有飛躍性成長的契機。

我對於初次見面的陌生人，習慣私下幫對方取綽號。這個人因爲有健壯的體格和很深的黑眼圈，所以我偷偷幫他取了「大狸貓」這個綽號。

華爾街本來就是離職率高的地方，跳槽並不是新鮮事，但專業領域的重量級人物的異動就格外引人注目了。投資銀行的超級業務員，人稱「大製作」，這些人每年爲所屬公司賺進數百萬美元的收益，使得他們成爲人才物色的標的，許多人對他們的舉手投足頗爲關注。

爲了迎接明星級的業務員到來，業主通常會透過《華爾街日報》之類的報章雜誌廣發訊息，同時動員公司的郵件名單，展開大規模的公關戰。我的情況還不只如此，公司甚至破例準備了盛大的雞尾酒派對。

因爲我是今晚的主角，所以我精心打扮，穿上衣櫃中最優雅高級的香奈兒洋裝。雖然整晚面帶微笑，心裡卻不如表面的幸福。這不是像對待朋友般可以毫無負擔地笑著，而是必須將這些賓客納入我堅強的後緩陣容。

賓客多半是基金經理人。身爲證券公司業務員，這些基金經理人是我最重要的顧客。他們是證券公司或投資銀行推出的各種商品的實質購買者，具有莫大的權力。他們都是見識廣博、滿腹投資哲學的商場老將。

因此，越是有能力的基金經理人，越讓業務員感到棘手。沒有精準的判斷，提出不當或錯誤的資訊，很容易就會在他們面前出糗。幸運的是，只要和他們建立深厚的信賴關係，就可以讓自己的地位變得更穩固。

業務員的價值在於，跳槽時有多少基金經理人會追隨左右。

里昂與霸菱相比，規模或知名度等各方面都不如對方，雖然基礎條件屈居劣勢，但是我有自信將來參加派對的基金經理人變成我的客戶。

因此，我今晚的主要目的是，招待客人以攏絡人心，同時盡量和許多人交談並收集情報。我也許表面上看來像一隻優雅的天鵝，實則在水底下是猛烈地擺動腳蹼，隨時伺機而動。

有人拍著我的肩膀大聲說道：「恭喜囉！爲了參加妳的派對，我一路從芝加哥飛奔而來呢！」原來是芝加哥「坎普保險（Kemper Insurance）」的大嘴巴基金經理人凱莉．舒勞斯。

「凱莉，謝謝賞光。以後還請妳多多照顧囉！」我語帶深意地對她微笑，她則給我一個了然於胸的擁抱。

3 競爭白熱化的都市：紐約

紐約的別名是「大蘋果（Big Apple）」或「不夜城（City That Never Sleeps）」。不夜城是因爲很多商店二十四小時營業的緣故，但大蘋果的由來則有點複雜。一八〇〇年代初期，名叫伊芙琳的法國女子在紐約以企業家的身分聲名大噪且十分活躍。她的名字從伊芙琳縮簡爲夏娃，然後再聯想到「夏娃的蘋果」，這便是廣爲人知的大蘋果的由來。

初次接觸紐約的人，反應兩極化。紐約說是世界的首都也不爲過，有人深陷此大都市的魅力，成爲紐約最熱烈的「粉絲（fans）」，反之，也有不少人討厭這個都市的冷漠。

有個朋友只要提到紐約就直搖頭，他說紐約會讓人聯想到陰沈的犯罪電影。

我是屬於第一種人。我現在仍然難以忘懷在波士頓求學期間，初次造訪紐約時的強烈印象。波士頓也是大都市，但卻與曼哈頓的街區氣氛大不相同。街道熙來攘往，人們行色匆匆，計程車不斷地鳴按喇叭，急馳而過。各式人種混雜，走到哪裡都可以碰到來自世界各地的人。

紐約典型的聲音就是警車或救護車、消防車的尖嘯聲。初搬到紐約時，這些尖嘯聲經常讓我夜不成眠。當然，現在已經習慣了。

紐約有不少博物館、美術館，各種大小表演更是多到不可勝數。從我居住的上東區走出來，就是聞名世界的中央公園（Central Park）。據地於曼哈頓正中心的中央公園，是紐約客享受慢跑、溜冰、騎馬、足球、直排輪、自行車等休閒娛樂的場所。

中央公園裡也有動物園。有一次和某交易人吵架，他說要和解，就帶我去動物園。

大都會美術博物館也在中央公園附近。古根漢等相當規模的博物館也比比皆是。不僅如此，紐約的林肯中心或卡內基音樂廳等展場，也長年舉辦歌劇等藝術表演。

紐約是有名的國際都市，走在麥迪遜大道上，很容易和名人或電影明星擦身而過。席維斯·史特龍、伊莉莎白·泰勒、勞勃·瑞福、羅賓·威廉斯等，都是我在紐約街道上曾看過的知名影星。

一九九九年因飛機事故去世的小約翰·甘迺迪在世時，也經常可以看到他溜直排輪的身影，因爲他的姊姊卡洛琳就住在我家隔壁。著名的電影導演伍迪·艾倫也住在同區。紐約人早就習以爲常，根本不在意。

當然，最重要的是，紐約是世界金融的水龍頭。一切都是由華爾街開始，再傳向世界。

全世界的電影人注目好萊塢，而全世界的電腦專家凝望矽谷，同樣的，對於想要登上金融界頂端的年輕人來說，華爾街就是他們的目的地。

說紐約市是靠華爾街的收入所得來吃喝過活一點也不爲過。

金融市場的成交稅，錢是流向紐約的各個階層，恩澤廣及零售店、小吃店和各種文化活動。甚至紐約之外的地方。華爾街光打個噴嚏，全世界的證券市場就開始天搖地動。

華爾街競爭相當激烈。每年美國全國上下派出無數企管碩士以上的人才征討華爾街。在華爾街獲得成功與否還在其次，光是站上這塊土地本身便是極爲困難的事。和全世界的棒球選手夢想登上大聯盟大抵相同。

不過，一腳踏進華爾街並不保證一定功成名就，這只是正式競爭的出發點而已。我們經常用「頭破血流」來形容激烈的競爭，華爾街的生存競爭卻遠遠超過一般人的想像。

我愛這樣的紐約。

長年居住的紐約，已經形同我的第二個故鄉。紐約時期的我，體內彷彿也流著如野火般競爭的血。

4 一無所知的未來才是解藥

來到華爾街是我當初始料未及的。企管研究所結業時，一起上課的朋友紛紛開始找工作，而原本就沒有想要就業的我決心要回韓國，所以並未積極去打聽職缺。

為了要從波士頓回韓國，在連行李都打理好的一九八七年夏天的某日，有個朋友想要幫我慶生，招待我去紐約。就像難得出門見識如首爾等繁華城市的鄉下人一樣，我對於在回韓國前能在紐約歡度週末感到異常興奮。

於是，二話不說直奔紐約。我們一起去找在新成立的投資銀行霸菱證券工作的朋友蘇菲亞。

在該公司的會客室等待時，一名男士突然現身。褐髮，戴著眼鏡，給人相當不錯的印象。他對我微笑，我突然覺得手足無措，尷尬地報以一笑。很快的，我就因為知道他是誰而大吃一驚。

不久，蘇菲亞跟著另一名男士走進來，蘇菲亞引介給我們，原來他是霸菱證券的總經理。他是美日混血兒，年約三十多歲。看到他的瞬間，我覺得他長得有點像夏威夷人。這就是爲什麼我後來偷偷幫他取「夏威夷人」這個綽號的原因。他的衣著是典型的華爾街時尚風格，不繫皮帶，而繫吊帶。他熱情地招呼我們進去他的辦公室。

「投資銀行對年輕人而言是很吃力的領域吧？但是有朝一日成功的話，就能賺很多錢。你根法無法想像這個地方是怎麼運作的。」

我幾時說過這領域有意思了呢？我困惑地思考著。

在我開口回答之前，有人突然進到辦公室來，那人正是在會客室對我微笑的男士。「夏威夷人」介紹我們認識。

「這位是克里斯多夫．希斯，我們公司的董事長。」

幸好我之前有對他微笑。我暗自慶幸著。

當我表明自己是韓國人時，克里斯多夫便對我的背景特別有興趣。提出在歐洲度過怎樣的成長時期等幾個問題之後，他突然說道：「我們三年前才進駐日本，是極爲年輕的企業。對於僱用有能力的人才這事情一向是不遺餘力。妳有興趣來霸菱工作嗎？」

我聽到他這樣問，嚇了一跳。與「像你這樣的新手就算進了華爾街也會屍骨無存」的方式來威嚇的夏威夷人是全然不同的接觸方式。

我衝口而出：「這個嘛，我是有點興趣。」

「那麼傍晚六點在皮爾飯店碰面吧，我們一邊喝酒一邊詳談。」克里斯多夫說完就離開辦公室了。

送他至門外再轉身回來的夏威夷人，在短短的時間內完全變成不同的人。看我的眼神和說話的語氣和稍早之前迴然不同：「董事長看來對您十分賞識，一臉對您勢在必得的神情。」

當天傍晚，在皮爾飯店與克里斯多夫見面。他說想要成立顛覆性的全球團隊，並將我編制在紐約分公司。我表示自己有從事銀行業務的經驗，會說韓語和英語、法語等三國語言。

交談了好一會兒之後，克里斯多夫對我提起霸菱的法人業務。我是在歐洲長大且會說法語，因此他要我先負責歐洲地區。雖然我回答願意試試，但事實上是別無選擇。其他事都是其次，光是成爲「紐約客」的這件事，便足以讓我毫不留戀地放棄回韓國的計畫了。當然，克里斯多夫提出的高額年薪也是主要的誘因之一。坦白說，那時的我連「法人業務」是什麼都不知道。結果爲了慶生兼餞別的紐約行，竟然意外地改變我的人生。

霸菱的董事長對一個什麼都尚未檢視的年輕人，打開一扇向全新冒險世界的大門。一九八七年七月的那一天，是我和我的命運邂逅的日子。附帶一提，與陌生人見面時，最好要以開放的心親切地對待他。這是我得到的寶貴教訓。

我對霸菱一無所知，便向父親詢問是否聽過那家公司。原來霸菱是一家歷史悠久、聲譽良好的英國投資銀行。霸菱是由在英國深耕達數世紀的家族把持的投資銀行，也是專責英國皇室的銀行。霸菱證券是克里斯多夫．希斯在一九八三年成立的，霸菱兄弟持有全部股份，在國際的投資銀行業裡，是極富專業的跨國企業。

很多人擔心自己的未來而到處算命，但如果我們預先知道在前面有什麼在等著的話，將永遠無法向前邁進。我也是。如果我已經預先知道自己將跳進去的海裡有兇猛的鯊魚環伺，有無數的考驗在等著我，那我可能就不敢跳進那名爲華爾街的大海裡了。

5 一切都是為了不被淘汰地日復一日存活下來

在美國想當律師，就要通過律師考試（bar exam）；同樣的，想要在投資銀行工作，就要通過NASD Series 7證券經紀人執照考試（General Securities Representative Exam）。這是由美國證券商同業公會所舉辦的金融人員資格考試。合格並取得執照者，可從事證券、公司債、政府公債、共同基金、選擇權，乃至直接參與投資計畫，以及投資公司所發行的各項商品、契約等美國金融商品的經紀服務，爲知名中外資券商人員必備的資歷之一。許多具有國際觀的證券業界新秀，也都相繼要求相關旗下員工通過此項考試。這種考試又被稱爲「迷你MBA」，須利用六小時解答二百六十個問題，合格率相當低。

決定進入霸菱後，我搬到紐約，上了一個月的補習班，準備這項考試。最初是住旅館，有空時才去找房子。雖然公司會負擔旅館的費用，但是夏威夷人老是喊說隨時會無法再繼續負擔這項費用，要求我盡快找到落腳處。

一九八七年十月十九日，是我正式到霸菱上班的第一天。我會精確地記得這天，固然是因爲這天是我人生重要的分水嶺，事實上卻是還有比這個原因更重大的理由，那就是這天被稱爲「黑色星期一」，美國金融史上最嚴重的股價暴跌事件，就是在這天發生的。

我剛抵達公司時還沒有異常的徵兆。夏威夷人以特有的誇張肢體動作來祝賀我通過考試和上任，職員們則一如往常地準備開始一天的工作。然而，聯邦儲備銀行利息調升的消息一出，道瓊指數便急遽下跌。我們交易中心的職員大部分是二十多歲的年輕人，只能瞠目結舌、手足無措地眼睜睜看著單日就暴跌五百點以上的美國證券市場。

對我而言，這也是個震撼教育。

當然，就算沒有發生這種突發性的變故，在華爾街投資銀行的交易中心工作本身，就是非常獨特的經驗。最特別的是，原本最不關心的世界各個角落的事件和消息，現在對我的一天竟然會造成直接性的影響。

不過，在首爾三豐百貨公司和聖水大橋崩塌的悲劇發生時，我縱使沒有直接蒙受其害，可是光那天面對顧客就不知冒了多少冷汗。

投資銀行的交易中心是由許多桌子並排擺放而成的一覽無遺的寬敞空間。桌上還雜亂地放著電腦和螢幕、具有複雜功能的電話等。電話鈴聲、高喊叫聲交雜，像菜市場一樣的鬧哄哄中，一眨眼之間數千萬美元的錢來來去去。

投資銀行的職員可大致分爲三類。分析師的工作是分析各自負責的地區或企業，並做成報告書。業務員再根據此報告書從事相關的業務活動。他們的工作是將交易付諸實行並轉成交易人的份兒。

我進入霸菱一開始是業務員，在業務中負責面對共同基金和退休基金、避險基金等各種機構投資者的法人業務。夏威夷人丟給我十個美國機構投資家的聯絡處。意思就是那十個業體算是我要經營的客戶，卻沒任何人教我要怎麼做。

規模很大的投資銀行會有教育和訓練新進員工的課程，可是當時的霸菱還沒達到那樣的規模。而且還不能向鄰座的前輩求救。全部的人都忙著自己的事，根本無視於新進職員的存在。最後我才知道，縱使他們有空，也會因爲彼此處於互相競爭的狀態下，不可能傳授任何有用的資訊。

他們唯一教我的是「接電話的方法」。設置在投資銀行交易中心的電話，在連結很多話線的巨大控制板上各附兩個話筒，功能極爲複雜，導致我陷入連打進來的電話也不知道怎麼接聽才好的窘境。前輩們教我接電話，讓我在他們自己離開座位的空檔能正確地轉達留言。如果我沒能完整地轉達訊息，可能就會挨罵了。

這種狀態一天、兩天過去，原先對於華爾街隱隱懷抱的幻想開始徹頭徹尾地破滅。早上上班打開股票市場的大門，除了我之外的所有職員，一致抓起話筒縱身業務之中。如下的高叫聲充斥於交易中心。

「I'm a size buyer of Microsoft, give me a picture!」

「78 1/2 to 3/4 What do you want to do?」

「Market's going against me! Hit the bid! Hit the bid!!」

「This is the worst execution! I told you not to chase the stock! How will I explain this to my client?」

「I'm long Sexy (Sekisui) Chemical warrants. Hurry up and call your clients!」

當時我的英語程度已經不亞於母語，但是大家到底在吵些什麼東西卻還是一句也聽不懂，只能由同事們口沫橫飛、高分貝喊叫的表情，猜測有什麼非常重要的事發生，當然應該都是我無法想像的巨額金錢來去的事。

將事情做好就能賺進許多錢，這就是華爾街。年薪歸年薪，依據業績分配的年終紅利常多達年薪的數倍。投資銀行的職員中，許多人收入高達一百萬美元以上。因此，以優秀成績畢業於企管研究所的人，才會急切地想要在華爾街謀求職位。

但是我只是將那些事看成是遙不可及的幻想，甚至不知道該做什麼、該去哪裡，再這樣下去，別說是成功，連一個月都撐不下去了。對彷彿千辛萬苦打破外殼來到外面世界的新生小雞的我來說，眼前的困境無疑是雪上加霜。

6 沒有對策，就以原始方法突破

在華爾街還是名小業務員的我，領悟到這個位置像因魔法遇見王子之前的灰姑娘一樣，是既微不足道又卑賤的處境。上班比別人早，下班也拖到很晚。不知何時電話會打進來，所以連午休時間也不得離開座位。在爲公司有任何貢獻前，地位就如同來日無多的人生一樣。更悲慘的是在賺到錢之前，都被當成隱形人對待。

資深業務員因為與客戶一起吃午飯而老是不在位置上，但身為新人的我，卻必須要打電話到知名餐廳訂購三明治，然後等不會英語的波多黎各或墨西哥少年外送過來。

吃三明治時，電話鈴響就必須按電話上的消音鍵，聽對方說話並迅速記錄下來。資深業務員在用來休息的假日，也全都必須來辦公室關注亞洲市場。最後，我不禁反覆思考著，當初是因為想要做這樣的事而就讀困難的企管研究所嗎？再加上我所分配到的十個客戶對我根本沒什麼幫助，心情更是低落了。

歐洲市場已經被當地或其他大型金融機構掌握，霸菱現在才要試圖進入，為時已晚。即使我積極想在歐洲市場有所發展，但在不了解歐洲的金融市場，也提不出比競爭公司更低的手續費的狀況下，只能一籌莫展。

我為完全無法打開僵局而掙扎不已。有一天，夏威夷人丟出一本像厚重電話號碼簿一樣的冊子。翻開一看，像芝麻一樣的小字密密麻麻地寫著世界各國的退休基金和共同基金、基金管理公司等的聯絡處和基本資料。我一臉迷惑地看著他，夏威夷人以大發善心的表情說道：「從打冷電話開始看看。」

打冷電話？原來所謂的冷電話（cold call），就是隨機打電話給不認識的非特定顧客，藉此探索商機的行爲。

接過那種電話的人可能知道，很難期待對方會有溫暖的回應，所以才取那樣的名字吧！

能夠和朋友聊個不停，卻無法對陌生人侃侃而談的我，根本無所適從。面對從未謀面的人，我該用什麼樣的漂亮說詞說服對方呢？但是分配給我的客戶，既已確定很難做出業績，更不可能期待有人會把工作分攤出來，所以不管怎樣，我還是得靠自己的力量開拓新的客戶。

如果是有具體形態的東西，倒是可以去路邊張羅店面，但我要賣的商品卻不能那樣做。想到MBA畢業後，還得打冷電話來開拓客戶，自尊心大受打擊，不過除了這種方法之外，已經無計可施了。只好勉強以抓住浮木的心情拿起話筒。

爲了順利開話匣子，我準備了一份周全的「演講稿」。

「您好，我是霸菱證券的J.S.‧李。可以打擾一下嗎？對貴公司的海外投資，有幾點想要請教一下……」

然而，花費幾個鐘頭準備的演講稿，根本一點用處都沒有。打的電話有一半以上是轉接到語音信箱，就算有人接聽，也多半是連講招呼語之類的時間都不給。

一次、兩次，吃了幾次閉門羹之後，我開始心浮氣躁起來。有時好不容易眞的和基金經理人有了個順利的起頭，卻因爲太過緊張，連精心準備好的演講稿也不能好好念完。遇到態度或言語無禮的人，總是難過地想要摔電話。

隨著時間慢慢過去，我逐漸適應這種狀況。打冷電話的成功機率不到10%，所以我從早上上班開始，就一整天黏著話筒，每天打三十幾通電話。換言之，可能會有一通電話是成功的。當然所謂的「成功」，不是最終促成交易的意思，而是正常地通話，並傳達我想表達的意思。

剛開始只是隨機撥打電話，後來就越來越得要領。舉例來說，因爲美國大都市大部分都已經被其他業務員佔據了，所以我把矛頭轉向加拿大。開始打電話給蒙特婁、多倫多、溫尼伯、渥太華等地的所有共同基金、退休基金經理人。

那地區確實沒華爾街的業體間競爭激烈，幸運地和加拿大的幾位基金經理人建立起良好的關係，也和分析師一起拜訪他們，直接對談。

我現在對打電話給完全不認識的多倫多某位重要基金經理人的日子都還記憶猶新。撥打電話時，原以爲會是對方的秘書接電話或轉接到語音信箱，沒想到卻是本人直接接聽電話。

「啊，您好，麥克尼里先生嗎？您現在有空嗎？有檔叫做LVMH的股票，我想爲您說明一下……」

我顫抖著聲音，以最快的速度起了話頭，但是話還沒說完，對方冷淡的聲音就傳來了。

「拜託，放我一馬吧。我對那類的股票毫無興趣，現在正打算要休假去呢！」

對還未脫離新人時期的我，經歷這種事時，受到很大的傷害。但在幾週後，我就又用力擠出勇氣，再度打電話給他。這位基金經理人偏好廉價的成長產業的中小企業，而且比起電話交談，更喜歡看書面報告。

於是，每當公司的分析師做好對前景看好的中小企業的報告書時，我都會同時寄一份給他，並且直接打電話給他，留下語音訊息，讓他想起我的存在。

結果，雷恩變成我最大而且最忠實的客戶。後來問他還記得和我最初的通話內容嗎，他總是爆出大笑，回答：「那是爲了要測試你才麼說的！」

打冷電話是很原始的方法。無法確保客戶的初級業務員，通常可以做、必須做、但最討厭做的事，就是打冷電話。不僅令人疲倦、容易生氣，而且還要花費許多時間。再加上90％以上是話都沒有好好說完就被擋在門外，那時湧出的挫折感實在難以言喻。即使如此，也不能無視剩餘的10％的可能性，以原始的方法「釣魚」的可能性。

我就是透過那樣的過程，學到許多寶貴的教訓。其中之一是，即使是再原始的方法，在沒有想出比那種方法更好的做法之前，絕對不要輕易放棄。暫時勉強自己，持之以恆，最後一定能獲得成功。

7 即使上司再顢頇也不要任意頂撞

我進公司沒多久，有位來自荷蘭的金髮女孩海嘉進來了。雖然進公司的時間比我晚一點，但在其他公司累積的經歷獲得高度的認定，所以擔任負責歐洲業務的資深業務員，算是我的直屬長官。

操著荷蘭人特有腔調的英文，海嘉總是塗淺粉紅色的口紅，與女演員葛倫．克羅絲（Glenn Close）長得很像。雖然對她的第一印象並不那麼親近，但在公司裡被當隱形人的我，還是很期盼資歷豐富的她能夠對我伸出援手。

可是從上班第一天起，她就像使喚秘書一般，命令我做一些傳眞的瑣事，頓時讓我覺得前途多難。

而且別說是幫助我了，海嘉幾乎凡事都像非要把我折磨至死似的，例如在和歐洲或加拿大之類的外國客戶通電話時，她就斥責說什麼國際電話要講那麼久，或者偶爾要去出差，就挑剔說反正費用都賺不回來，出差只是浪費時間。

先不管交易的成交與否，電話是我能做的業務活動的唯一手段，一旦以電話經營到某種程度的關係，即使飛到地球的另一邊，也必須去直接見面才會有具體的成果。然而，海嘉卻不讓我打電話，也反對我出差，到底要我怎麼做出業績來呢？

更糟的是，萬一出差太過忙碌而來不及回報，海嘉就會像瘋子一樣破口大罵。

最令人氣結的是，當我進公司後第五個月的某一天，不斷地撥打那令人厭惡的冷電話，終於打破僵局，達成初次的交易時，平常對我漠不關心的同事，都不吝給予道賀，唯獨海嘉還是一樣的冷淡。不僅連一句恭喜的話都沒說，反而還用嘲諷的語氣說那種業績是用錢換來的吧！

最初，我對海嘉這個人的存在很感冒，也受到很多打擊，但是時間久了，慢慢就能學著不當一回事。反正也不能對她無端的找碴逐一辯白，而且她是我的直屬長官，本來就不能隨便出言頂撞。

一開始聽到海嘉要從全世界十大企業之一的UBS（瑞士聯邦銀行）被挖角過來的傳言，便想說應該是個戰績輝煌的人，可是實際看到海嘉在交易中心的作爲之後，原先的想法被推翻了。

原來海嘉的UBS經歷只有一年，而且還不是投資相關的業務，而是從事秘書職務。再加上海嘉雖是歐洲出身，卻不會說法文，看到身爲東方人的我說得一口流利的法文，自尊心更是嚴重受損，所以在我面前絕口不提法國市場的種種。

我開始正式地做出業績之後，海嘉的反應變得更爲尖銳。她本來沒把我當成競爭對象，但是看我拚命地做事而小有成績時，就隱約出現危機意識。

實際上，我是眞的「前進荒地」開墾出後來的成果，對照之下，她無法掌握自己在歐洲市場的客戶，所以才會開始有點神經質，情緒不穩。

在職場工作，本來就會有與自己不合的人存在，尤其面對脾氣暴躁、容易動怒的人，更是經常有摩擦。根據我的經驗，無法忍耐而衝撞對方，絕對是最差的選擇。特別是職位比自己還高的人，出言頂撞的結果，一定是在下位者吃虧。

不過，我不是秉持這樣的處世哲學而忍耐海嘉的挑釁，純粹是因爲工作經驗不豐富，不知道應該怎麼應付，才會一味的息事寧人。現在回頭看來，那樣的回應方式並不差。

雖然與海嘉這樣的同事一起工作很棘手，但不致於會有重大的問題。事實上，與被海嘉欺壓而退出霸菱相比，我反而更小心那些表面假裝示好，卻在決定性的瞬間從背後偷襲，像是鯊魚一樣的同事們。

8 沒有朋友，就要小心背後

在我們的人生中，不管是什麼樣的「第一次」都很珍貴。第一次生日的滿月、第一次學走路、初戀、第一次工作……所以我們永遠記得自己的第一次，同時對身邊踏出第一步的人不吝給予祝賀。

華爾街業務員最重要的「第一次」，就是第一筆成交的業績。有人是在進公司短短三、四個月內，就可以「昂頭挺胸」；有些人則是過了一年都還沒嘗到那種快感就黯然退場。像我的情況是沒那麼快也沒那麼慢，在進公司五個月後才達成。

在加拿大「投資者基金」工作，名叫德瑞克·史密斯的基金經理人，對我來說，是一輩子也無法忘記的第一次下單的主角。這位基金經理人對錢相當敏感，打電話時一定採取受話者付費的方式。

像平時一樣整天緊抓話筒作戰，終於到了證券市場要截止的時間，突如其來地投資者基金的交易人打電話進來。

「我是投資者基金的彼得，想要下單法國和蘇伊士五千股，以市場價賣出。」

「了解。蘇伊士，五千股，市場價賣單是吧？謝謝。」

我太過緊張了，連現在該做什麼都不知道，必須先問我們的交易人製作賣出傳票的方法才行。

記不起來當時那檔股票確實是以多少成交，不過以五千股計算，公司實際進帳的手續費並不多。可是對我來說，這次的交易賺了多少不是重點。原本沒有明確的方向，也沒有前輩傳授教導，我無從知道究竟是否做對了，只能無助地徘徊在黑暗的迷宮裡，每天茫然不知所措。但是現在完成第一筆交易的我，重拾自信了。

像價格突然開始飆漲的股票一樣，信心大增。好像這次的交易就馬上成爲最後的勝利者似的，開始更加積極地面對業務。

傳聞法國石油公司「埃爾夫阿奎坦（Elf Acquitaine）」想要接收美國化學公司「美國氰胺（American Cynamid）」。我打電話給喜歡套利交易

（arbitrage trade，指在接收狀況中買股票）的「Van信託（Van Trust）」的新顧客華特．厄曼斯基，告知有傳聞埃爾夫想以每股六十五美元接收美國氰胺。聽到這話的華特，興奮地對自己的同事大叫，然後說會馬上再回電。事實上這類型的交易伴隨著相當的風險，我卻還是選擇先下手爲強。

與華特通過電話之後，我向總經理夏威夷人報告。當時他的反應看起來像是「如果你眞的從華特那裡搶到訂單，豬都會飛了」。就在這時，電話鈴聲響起，華特說要買美國氰胺的股票二千股。我對透過自己辦公室的玻璃注視我的夏威夷人做出華特下單的手勢。他大吃一驚，露出「做得好、做得好」的表情。然而，事情並未就此結束。

自己推薦的股票暴跌，是業務員最可怕的惡夢。對還沒有任何準備的我來說，這種慘劇竟然發生了。在我暫時離開位置的空檔，替我接電話的海嘉，以幸災樂禍的表情開始使勁地煽風點火，說我不過才在二天前向華特推薦的美國氰胺股價開始暴跌，華特瘋了似地，大罵我們公司的EPS（每股純利）預報到底是怎麼做的，分析師都在做什麼。

不曾遭遇過這種危機的我，嚇得向分析師尋求諮詢，卻沒得到任何協助。結果我抱著必死的心情打電話給華特，出乎意料之外的，他以沈著的語氣表示，雖然擔心股價下跌的理由，但沒什麼關係，反而安慰我不用太在意。

原來是海嘉因為嫉妒我，產生危機意識，而故意找我麻煩，造謠生事。我頓時鬆了一口氣，然後無奈地向分析師吐苦水，於是他警告我，海嘉會中傷我，要我小心背後。

後來，我達成了幾筆交易，擺脫悲慘的隱形人身分，但是業績越是增加，心裡的壓迫感越大。現在我的目標提升為每年一百萬美元的收益，晉升到名副其實的華爾街超級業務員行列。為此必須克服突破的難關越來越多。

9 華爾街的壽命和狗的壽命一樣

以前有部電影叫做〈華爾街〉，是奧立佛．史東導演，邁克．道格拉斯和查理．遜主演的。提出「貪婪是好的（Greed is good）」哲學的企業獵人邁克．道格拉斯，以內部者交易的陷阱，誘惑才剛踏進華爾街的查理．遜。在電影中，查理．遜及時重新振作，最後以好的結局收尾，但是現實未必如此。

有位名叫荷西．霍華的資深業務員，他每次有什麼不順遂，總是找我這樣的新人或西華速食店的外送小弟出氣。

有一天，下起傾盆大雨，這個人向西華點一杯茶。我心想在這種天氣有必要叫人外送一杯茶來嗎？他甚至還大聲斥責外送小弟，藉故茶冷掉了，要他冒雨回去再重新送來。

荷西是我們公司中最優秀的大製作之一，可是沒落得也很快。原本還戴著黑色太陽眼鏡出現在辦公室裡，大聲說「我的未來太過刺眼要遮一下」，但不到一個禮拜，就因內部交易嫌疑被解雇了。

早餐總是吃培果和奶油起司，負責英國歐元債券的交易人羅伯特．費德曼也令人難忘。華爾街的業務一早就開始了，大家都是在自己的辦公桌吃早餐。羅伯特的聲音很神經質，長得高卻瘦弱，有點像駝鳥。某天，天氣不是很冷，他卻穿了長長的貂皮大衣出現，我驚訝地看著他，他卻說：「像我一樣認眞工作的人，沒有理由不好好打扮吧！不過，我的女朋友卻噘著嘴，氣說我沒送給她。」

有一次，我抱怨沒人幫我，連我現在是在做什麼都不知道，羅伯特不知是否覺得看不過去，就告誡我：「在華爾街沒有朋友這樣的東西，永遠都要小心背後。」

剛開始會沮喪地想：難道眞是如此嗎？日子久了，就知道這種說法一點也不誇張。

講電話或面對面時，假裝親暱，但是回過頭來卻是打算在彼此的背後插上一刀，這個地方就是華爾街。

曾一起共事過的最狡猾的同事是俄裔，名叫米夏及狄米崔的兩位交易人。我私下都稱呼他們是「特殊任務小組」。我在歐洲的委任業務大有嶄獲，米夏主動說要幫我，但原來他的目的是要搶走我的客戶。後來，米夏和狄米崔挪用公款在俄國開店的事實被揭露，他們的「特殊任務」才宣告終了。

在我們國家將人比喻成狗是指嚴重的侮辱，在華爾街也曾流行過類似的話，就是說一腳踏進華爾街的瞬間，壽命會變成和狗一樣。狗的平均壽命約爲人類的七分之一，爲了在華爾街存活，精神上、肉體上的壓迫極大，在這裡的一年，相當於外面世界的七年。像這種自嘲的比喻，是有事件可以實在感受到的。

例如華爾街最大且競爭最激烈業體之一的「所羅門兄弟」的事件。二十八歲金髮的交易人在交易中心高聲交易時，突然昏倒了。一瞬間交易中心內的喧鬧聲凍結，大家面面相覷。警察和醫務人員飛快跑來，把心臟痲痺的他載走，交易中心頓時陷入一片寂靜。

就在他們離開交易中心的瞬間，暫時中斷的騷亂再起，好像什麼事都沒有發生過一樣。

業務時間長，壓力大，容易浮躁的交易人會以無聊的笑話來抒發壓力。

有一次，交易人午餐訂披薩來吃，法裔分析師就惡作劇地在剩下的披薩旁邊放了一隻大的塑膠蟑螂，然後說道：「嘿，皮耶，還有一塊披薩，給你吃吧！」

不知情的分析師打開披薩盒，以爲看到眞的蟑螂而嚇了一跳。一旁的人全都捧腹大笑。這種捉弄在交易中心裡時常看得到。

有一次，有位特別愛捉弄人的交易人一直來逗我：「今天晚上有火熱的約會對吧？那個幸運兒是誰呀？」

我忙著和客戶通電話，根本沒空搭理他。他就從打孔機裡掏出圓圓的紙片，撒在我的頭上，叫道：「下雪囉！」

爲了調劑工作時的緊張和乏味，各種玩笑和惡作劇都出籠了。

而我消解一天壓力的方法，是去辦公室附近韓國人開的指甲沙龍做指甲美容。在那裡取得長達二十分鐘的休息。用母語閒聊八卦，有助於忘掉工作的壓力。

10 用頭腦進行摔角比賽

達成第一筆交易後，我的業績蒸蒸日上，但這時卻發現另一個障礙物。比從不認識的客戶那裡拉到交易更困難，那就是守護自己，對抗想搶我的業績的男同事們。

印象最深刻的事件是，我努力經營的芝加哥的某客戶，終於與其達成一大筆交易。第二天，所有業務員和總經理居中連結的業務經理將我叫進辦公室。我隱約感到不妙，做好心裡準備後進去。

果不其然，他說：「J.S.，恭喜，做了一筆大的啊！不過，哈利斯很久以前就是我的顧客，你知道吧？因爲我的關係，所以你才能順利地完成這筆交易。所以，這次交易的利益，你和我對半分應該公平吧？」

全身緊繃，聽他說話的我，儘管某種程度預料到這種情形，但眞的碰到了卻還是不敢相信。用這種方式來算的話，哪裡有不是他業務經理的客戶呢？如此一來，不只這次的交易，根本是所有業務員達成業績的一半都會被他據爲己有。很明顯的，他意圖濫用職位，搶我的業績。

「我的業務和你毫無關係，怎麼可以拿去說要瓜分利益呢？我相信客戶也和我有相同的想法。」

事實上，爲了避免發生這類的事情，我問過那位名叫哈利斯的客戶，這次交易的業績要歸誰。哈利斯見多不怪，確認說這次交易純粹是我個人之作的事實。

「你竟然先問過哈利斯這種事？那麼我不就變成壞人了！要問的時候，應該先和我商量才對，你心裡還有我這個業務經理嗎？」

想要趁虛而入的他，漲紅臉大叫。

「坦白說，這次的交易和你完全都沒有關係。不過，我想直接聽聽哈利斯是怎麼想的。不過最終的決定權是在他手上。」

我再也無法再隱藏憤怒，結果業務經理摔門出去，跑去找總經理理論。

攤牌的時刻終於來了。夏威夷人把我和業務經理叫進他的辦公室。厚重雙重門後的辦公室，佔地甚廣，有著最好的視野。夏威夷人身材高大，業務經理也不在話下。兩人巨大的身軀好像下達死刑宣告的人，一臉陰沈地等著我。夏威夷人和平時一樣，這次也捏造莫須有的罪名誣賴我。

「約翰是我們公司首席副總兼業務經理，同時也是你的直屬長官。你藐視他的權威，犯下嚴重的不服從行爲。你有什麼想辯解的嗎？」

喜愛音樂劇的夏威夷人，像是飾演嚴肅的法官，緊盯著我。想到兩人彼此已有默契要陷我入罪，讓我有口難言。

「韓國相關的業務是我負責的。爲了完成這次交易，我奮鬥了好幾個月，再加上和客戶談過，他也確實說這次交易完全算是我的業績。我千辛萬苦達成這次交易，你們非但沒有鼓勵我，卻還製造這樣無謂的紛爭，到底是何用意嗎？」

我努力想要保持冷靜，卻氣到聲音顫抖。

夏威夷人大吼：「我們現在不是在說你的業績，問題是你反抗長官這點。不服從主管的命令，組織怎麼能夠順利運作呢？」

他是每當陷入窘境就把大聲叫喊當成戰略的人。我也不退後地迎上前去：「若不滿意我的行爲，就把我的客戶抽掉不就好了，沒必要再這樣爭論下去。這是原則的問題，你若不採取公正的立場，我也隨時準備不幹了！」

總是告訴自己不管有什麼事，都不能失去冷靜和沈著，但是這種莫須有的罪名實在讓人忍無可忍。雖然不想示弱，不過一想到自己面對主管的威逼卻無能爲力時，不禁還是流下眼淚。看到我突然哭出來，他們也很尷尬。

不久，夏威夷人終於打破僵局，遞出面紙，輕聲說道：「其實這次的事不是約翰的錯，說要將業績對半分的人是我。」

我更無話可說了，但也不想乖乖「束手就擒」，看起來好欺負，那難保將來不會繼續重複這樣的事情。夏威夷人原以爲我年紀輕又沒經驗，稍微施加壓力就會就範，不料我意外地反彈，頓時慌了陣腳。

夏威夷人故作公正地說：「這樣的狀態之下很難再談下去，總之，我先歸納現在的狀況，明天再做最後的決定。」

約翰有其他會議行程，無法再持續討論。約翰一出去，夏威夷人就開始輕聲細語地安慰我。

「你現在已經成為公司不可或缺的人物了，所以我也想要維護你，但是你必須做一件事。收起你的自尊心五秒就好，為無禮的行為向約翰道歉，讓他挽回業務經理的尊嚴。如何，做得來嗎？」

夏威夷人幾乎像是在哀求。

我不忍拒絕這個要求：「我接受你的提議，我很清楚自己的本分，也尊重位階倫理。不過，約翰身兼管理者與業務員二職，我想這是問題所在。萬一你不支持我，我真的會放棄不幹。」

「還有一件事要先說好，你能答應不對任何人吐露這次的事情嗎？」

夏威夷人在保護約翰的尊嚴的同時，也想避免自己被烙上壞人的印象。

那之後我也經歷種種儘管事態不大卻必須耗盡全力維護自己的狀況，也不是每當那時一定都做出對我有利的結論。事實分明就是因為我是女人，經歷的紛亂就特別多。我也覺悟到特別在和男性直屬長官發現爭執時，要期待管理團隊聽從我這方，不，是下達公平而合理的判斷是愚蠢的事。

每逢年度考核，夏威夷人的表情就會特別緊繃。會計年度結束後，總經理會個別面談職員來決定紅利數額。所謂的大製作依協商結果不同，有的是滿載而歸，有的是滿懷期待卻像泡沫一樣消失無蹤。

這個說起來就像是以腦力而非體力在做摔角比賽。在我進去總經理室之前，便預先以我賺進的手續費收入爲根據來設定我可以要求的數額。雖然知道不管有什麼事，都要理性面對，但是要贏過年紀比我大且個性暴烈如火的夏威夷人，絕對不是容易的事。

「J.S.，今年業績很好啊！但是公司整體收益增加的同時，費用也相對增加了。董事長分配給紐約分公司的紅利總額比起去年更少了。」

「我今年比去年幫公司賺了很多錢不是嗎？當然要比去年拿得多啊！」

「我也沒有辦法，我能給的金額就是這麼多。」

「什麼？我賺了那麼多錢，我的份兒就只有那一點嗎？分紅率比去年還要少！這一點都不合理！是誰說今年會給得很多的？」

結果我們又開始爭論不休。即使好幾次提醒自己要冷靜，但還是因爲委屈而跑到化妝室哭泣。這樣的戲碼每年都在重演。

2

1 要擁有智慧的熱情
2 比起發言，「傾聽」才是祕訣
3 縱使緩慢，信賴才是捷徑
4 讓客戶主動來找我
5 喚醒「殺手本能」
6 拆除炸彈的爆炸裝置之鑰是自信心
7 要擁有鐵氟龍業務員的資質
8 讓對方發洩憤怒直到精疲力盡為止
9 沒準備好的人別上戰場

第二章

越困難越不要逃避

1 要擁有智慧的熱情

一九九〇年正是進入霸菱的第三年，我以高達一百四十萬美元收益之姿榮登超級業務員的行列。以當時華爾街的標準，一年獲得一百萬美元以上的收益就會被稱爲「大製作」，同時也被拱成各金融機構或獵人頭公司的尋才目標。

在資本主義的魅力和矛盾的華爾街裡，我克服了身爲女性而且是東方人的雙重限制，在相對的短時間內達成一次性的目標，不只是因爲運氣好的緣故，最基本的條件是「努力」。爲了和白人男性在同等的位置競爭，至少必須傾注比他們多三倍以上的努力。

我通常早上五點四十五分就會起床，爲此必須用掉三個鬧鐘。起床後的第一件事是，打開電視，看金融相關節目，確認世界各國的股票市場狀況。

到了辦公室後，要和亞洲分公司的分析師們開會。這是爲了要交換重要的資訊，並決定應該設定何種投資戰略。我放棄歐洲地區，將眼光轉向亞洲。一九八〇年代後半，在日本市場裡的所有人都在等著裕仁天皇去世。不是討厭日本天皇，而是因爲他的生死攸關日本市場的穩定與否。

有時可以聽到分析師們這麼說：「今天又傳出天皇死掉的假消息，紙類和印刷相關股票全部應聲暴漲。」

電話會議結束後，我會繼續確認備忘錄，然後開始打電話給我的客戶，甚至用語音留言轉告他們的投資組合相關重要資訊。通話內容大致如下。

「三星電子發佈的盈餘率不及分析師的期待值，因此股價下降4％左右。但是我們的分析師還是對此股票抱持肯定的態度。您並未持有此檔股票，像現在這樣下跌時，我強烈建議趕快買進。若想更詳細地商議，請來電。」

沒有出差時，大部分的時間都是像這樣緊抓著話筒度過。

早上若沒有調整好步調，下午就容易精疲力盡，連聲音都發不出來。其他領域也是一樣，爲了從劇烈的競爭裡脫穎而出，基本的體力是最重要的後盾。我爲了不被擠出和健壯的白人男性的體力爭鬥，要區分必須全力戰鬥的狀況和不用的狀況，將身心調整在最佳狀態。

結束長達十二小時的工作後回到家裡，設在家裡的業務用電話鈴聲響起。因爲時差，亞洲股票市場在那時才開始營運。一天平均一、二小時左右，必須和亞洲各國的交易人或分析師通話，使得我的工作時間延長到十四小時。參與全球交易，意味著即使是半夜，若有問題發生，也得起床接電話。所以就算是凌晨三點，也會接到激動的人的來電。

可能有人會覺得整天坐著打電話或接電話，哪有那麼吃力，但其實不然。每打一通電話就要深呼吸擠出勇氣的新人時期的冷電話就不用說了，對業務熟練到某種程度之後，比起直接會見對方，用電話交談確實更吃力。

面對面交談，可以透過臉部表情或肢體動作來掌握對方的意圖或心理，但是電話就必須純粹以聲音判斷。經過無數次反覆的練習，最後光聽問候語，就能正確預測今天和這客戶的交易是否會成功。

再加上商議溝通的些微失誤就可能會導致致命性的結果，所以必須盡可能的保持冷靜。交易中心所有的通話細節都會被錄音下來，這樣更讓人覺得緊張。

在無處可去也沒人使喚的新人時期，非常羡慕每隔幾天就要出國出差的前輩們。既可脫離壓力鍋般的交易中心，呼吸外面的新鮮空氣，又可直接見到只在電話交談的客戶，眞是一舉兩得。事實上，出差比起坐在交易中心裡，更爲困難重重。

至少對我而言，華爾街是巨大的壓迫感、壓力和永無止境的工作，甚至再加上卑劣和自私的同事，所有足以讓人退避三舍的要素集大成之處。在這之前，一次也不曾經歷這種狀況的我，無法一次掌握華爾街華麗外貌、財富和名譽而僅有模糊想像的我，這所有的一切都太吃重且讓人失望了。

連在同一辦公室裡工作的同事之間，都會發生在其他地方難以想像的醜陋事態，更別說外面的競爭是何等激烈了。

老實說，到現在爲止，還是很難想像當時的我爲什麼要那麼拚命工作。並不是爲了比別人賺更多錢，或者比別人更有成就，也沒有一家人等著我養，其實我隨時都可以揮揮衣袖，回到我出生的祖國。

有一點可以確定的是，當時的我深深恐懼著，萬一從這車輪上跳下，在其他地方又沒有成功，那麼將會永遠淪爲人生的失敗者。不，是否該說連感到恐懼的餘裕都沒有。因爲越往上爬，就越是必須將所有精力集中於如何做才不會跌落谷底。

若要再有一個動機的話，就是我的能力和努力能夠透過具體數字正確地展現的事實。將獲得的業績以手續費收入的結構整理出來時，當天就能以滿足而幸福的心情得以好眠。反之，認眞努力卻沒有很好的成果時，就會爲了分析到底問題何在而輾轉難眠。

很多人就是因得失心太重而拒絕從事這類工作。

這樣的人最好趕快找別的工作。以我來說，我喜歡經過長久的努力後，將賣方與買方牽在一起，最終完成交易時的狂喜。特別是能夠發揮自我創意，任誰也不敢動念的困難交易成交時的快樂程度，根本無法以言語說明。同事們將我的那股感覺稱爲「殺手本能（killer instinct）」，但我卻認爲那不是「本能」，而是「熱情」。

無論如何，我認眞工作是事實，我在華爾街從秘書乃至CEO，可謂是賭上性命在工作。不那樣就無法熬得過來。問題點在於，不是認眞努力就會獲得成功。所以許多人總是詢問我在華爾街得以成功的祕訣是什麼。

如果是問剛進華爾街的我，「成功戰略」是什麼，我大概只會搔搔後腦勺傻笑吧！因爲我的戰略是一天一天不被淘汰地存活下來。

所有的成功都是從「熱情」出發的。如果是喜歡運動的人，絕不可能將讀相關書籍或是直接參與運動想成是「討厭的事」。

擁有那樣的熱情來努力，無論是運動選手、運動記者，或者在其他相關領域工作的人，都可以將事情做好。喜歡運動的人，不管何時都會想著運動，並積極累積相關的知識。那種人從事和運動相關的職業，自然會投注熱情，培養出實力，然後實力再激發熱情，形成良性的循環。

我很喜歡像華爾街這樣的國際金融舞台，確立客戶，與他們保持密切的互動，培養良好且愉悅的關係。然而，現在正式構築起業務的基礎，將我的業績具體化爲錢的數額，已經不再讓人感到興奮。我陷入苦思，不知道怎麼做才能有更好的突破。

人生最大的幸福之一是，將自己眞正喜歡的事當成職業。賺多少錢不是大問題，問題在於華爾街工作的大部分人，只爲了賺錢而工作。其結果是出現早老現象，以及不久就體驗到從幻想醒來的悲慘瞬間。金錢絕對無法代替自己在工作裡投入熱情而獲得的滿足感和充足感。

2 比起發言，「傾聽」才是祕訣

透過打冷電話開始做生意的我，最先領悟到的是，不論何時都要傾聽對方的話。雖然結果是我必須說服客戶才能做成生意，但是爲了說服對方，必須先要聽他說話，了解他在想什麼。

雖然聽起來像是簡單容易的事，但無視於「溝通的基本是傾聽」的人卻出乎意外地多。爲什麼他們無法傾聽對方的話呢？

可能是人類天生就自私的本性造成的吧！結果人們總是先說自己想說的話，無法好好聽別人說話。

每個人都有自己的事要忙，一味喧嚷自己要說的話的業務員，沒有比他這種疲勞轟炸更討厭的了。

傾聽別人的話之所以困難的理由，是因爲那是要求自制力的。要拋棄「從我開始、我優先」的思考方式，先想到別人。有時候可能會因爲傾聽別人的話，而沒有機會說出自己眞正的想法，但是這種長期的耐心，會帶來豐盛的果實。

從小，在家裡或在學校，我就被確實地灌輸必須張大耳朵將對方的話聽完的教誨。被迫必須打斷對方的話時，也一定要以「抱歉」或「可以打斷一下嗎」等的話，取得對方的同意，才能開始闡述自己的意見。

等到進入社會生活後，我發現要實踐這樣的教誨並不如想像的容易。特別是在會議中，還沒輪到自己開口，會議就已經結束的情形相當常見。

在韓國也是這樣。我正要講出什麼話時，提出「不，不是那樣……」見解的人很多，如果靜靜地聽，就可以知道他們的見解不是「不是那樣」。我後來才領悟到他們說「不是那樣」不是要否定我的話，追根究柢，是相當於英文中的「May I interrupt you（我可以插個話嗎）」的表現。

我對我的「耳朵」很有自信。即使只聽客戶的聲音，也可以近乎準確地預測當天交易的成功與否。當然爲了做到那樣，從平時開始就必須細心掌握對方的習慣和嗜好，集中心神於當下的對話。那樣才能分辨現在的他與平時怎樣不同、現在的心理狀態如何。

有一天下午六點半，我正準備要下班時，電話鈴響了。是在波士頓的投資管理公司GMO任職投資負責人（Chief Investment Officer）的喬・萊伊。握有莫大影響力的中堅基金經理人的他，非常忙碌，甚至忙到沒有時間打電話。那樣的他在這時間直接打電話來，意味著有重要的事。即使如此，他卻還是不提及本意，只是說些天氣如何、午餐菜色不滿意等無意義的事。

雖然我和朋友有約，必須趕快離開辦公室，但仍是氣定神閒地逐一與其應對。萬一我催著說現在很忙要言歸正傳的話，他可能就會說下次再說並直接掛掉電話。

過了好一會兒，他終於提出本意：「最近有什麼便宜的韓國股票嗎？知道我在找什麼吧？」

我十分了解他的投資風格，但是這次我並不急著秀出我所想的最好的牌。

「請說說你要什麼吧，喬。」

「價格便宜，流動性又好的，有沒有？」

「KEPCO或首爾銀行怎麼樣？」

「不要，那些已經太高了，我想找沒有那麼貴的。」

要再打一輪牌，還是在這裡抽出暗藏的牌，我立刻做出決定。不管怎樣，既然對方也是狠角色，那麼試探戲演得太過可能會造成反效果。

「那麼大宇（股）應該是最適合的。」

「我看看，大宇（股）嗎？」

喬．萊伊在分析這家企業的財務報表期間，我就像個放長線，準備釣大魚的釣者一樣悠哉地等待。最後愼重傾聽這位客戶想要的東西，出現的結果是，過了下班時間才打來的一通電話，然後達成了兩千萬美元的交易。雖然與朋友的約會遲到而被責難了幾句，但是這程度的補償夠多了吧？

對於傾聽別人說話而言，女人比男人更有利。女人擅長表達自己的感情，男人則多被要求展現男子氣概。再者，聽對方說話時，要先摒除「自我」，這也是女人比男人擅長的。

3 縱使緩慢，信賴才是捷徑

華爾街的特徵之一是，職位不穩定。新人進入公司時，不會訂定雇用契約，上午收到解雇通知，下午就得打包行李離開公司，根本連交接都沒有必要。反而爲了防止業務機密被竊取，而有保全人員監視打包行李的過程。與韓國不同，在華爾街遞出辭呈一小時內就必須和保全人員一起繳回公司辨識卡，然後離開公司。

雖然很冷酷，但是往好處想也不是沒有優點。由於沒有留戀人情義理的必要，所以如果出現福利更好、待遇更高的公司，就可以瀟灑地跳槽。

然而，業務和客戶的關係就不一樣了。華爾街法人營業員的能力，是隨著擔保有多少忠誠客戶而左右的。進一步說，就是跳槽時，必須擔保客戶願意跟隨著我更換交易所。

華爾街的業務員，大部分是抱著所謂的「今日特選」去接洽客戶。舉例來說，有遲早A企業會接收B企業的消息，就強調必須趕快買或賣該企業的股票。其實這不是客戶，而是業務員自己特別有在關心的選單。客戶有何傾向、喜歡何種股票，都不在考慮之列。當然兩邊的立場符合，交易也是可以成立的，但是機率並不高。

相反地，不論何時我都是最優先朝著客戶關心的事去努力。比起努力去賣好賣的商品、能賺取暴利的商品，我想的是去判斷如果我是這位客戶，在這時間點需要做什麼。爲了做到這點，別說該位客戶的投資組合，甚至必須掌握個人的取向或投資哲學。

這確實不是在很快的時日內就可以得到可見成果的方法。

即使如此，我仍選擇這個方法有三大理由。第一，這是使我和其他業務員有所區別的方法；第二，如此一來，客戶才會記得我，並建立起長久的信賴關係。最後的理由則是較現實的，我所面對的基金經理人，大部分都年紀比我大，或是在經歷方面與我不成比例的老練之人，在現有狀況下，著重相對的臨機應變，可能會產生反效果。

事實上，在業務員中，沒人不知這樣的原則，但是將其具體實踐並不如想像容易。背負公司的壓力，若沒有立刻產生收益，就會被開除，而且本人的心理負擔也很沈重。因此，有時會有不得不賣給客戶不合意商品的情況。

然而，過分注重收益，將永遠無法脫離得過且過的人生。身爲客戶的基金經理人，是時間即爲金錢的人，每天從四面八方打進來的電話至少一百通以上。爲了要和這些人建立起信賴關係，至少要付出一年以上持續性的關心。沒有奠定這樣的基礎，像一時興起的釣者一樣拿著「今日特選」的餌去接洽，只是重複將一切都交給運氣的惡性循環而已。

在韓國業務相關範圍佔有獨一無二地位的霸菱工作六年後，我跳槽到比它規模還小的C.L.，事實證明我的選擇沒有錯。

雖然C.L.在韓國幾乎沒有什麼有名的業績，但我的客戶們都還是相信我，持續與我合作。

我一換公司，多倫多的大客戶雷恩就兩度給霸菱的業務員硬釘子碰。他雖然是難相處的客戶，但卻允諾我不管換到哪個公司，都會把工作交給我。

以「黑色黃金」石油成爲富國的科威特退休基金經理人也是如此。我每次造訪他的辦公室時，總會出現幾個蓄著山羊鬍的阿拉伯人。他們全部長得像薩達姆．哈珊，連名字都很雷同，要分辨誰是誰實在很困難。其中一人是在紐約進行研修課程的科威特王子。他們都是我堅實的後援者，還會幫我介紹其他客戶。

我的忠實客戶中，還有一名是「史卡德（Scudder）」負責韓國基金的經理人。他只將龐大的基金投資在韓國股票，就他這筆生意來說，競爭非常激烈。有一天，某位不認識的基金經理人打電話來，說那位基金經理人推薦我是華爾街裡最優秀的業務員。

還有在辛辛那提擁有基金管理公司的某位客戶，也是我無法忘懷的。他是那種會利用私人噴射飛機當日往返紐約的人。深知在華爾街跳槽至競爭公司事屬常態的他，自己先出言激勵我：「不管你到哪裡，都繼續聯絡往來吧！」

在與客戶的業務往來中，女性的身分經常為我帶來不便。有人認為所謂「交際文化」是只出現在韓國的陋習，美國並沒有那種文化。事實上，在華爾街也有「高爾夫交際」。很多男人會光顧高檔的脫衣酒吧，以美酒和美女來聯絡感情。

當然不容否認，某些時候那個部分有其必要。我不會喝酒，也不能以名酒來款待客戶，因為我是女人，更不能提出到脫衣酒吧式的招待，但是我以獨特的風格和哲學來管理客戶。總之，就是以客戶的需求為優先考量。

上面提到的科威特退休基金經理人是美食家，託他的福，紐約著名的餐廳都走遍了。對每次用餐時連聲讚嘆「眞是美味」的他，我幫他取了個「美味先生」的綽號。

韓國證券師偏愛對基金負責經理人提出各種高爾夫交際和美女的招待，但我在旁邊看得清楚其實是白忙一場。

我代之以提供「投資創意」，這才是客戶想要的。說白一點，世界一等的基金經理人又不是煩惱缺飯錢或打不起高爾夫的人。

對多倫多難搞的基金經理人雷恩，不打電話而總是寄去分析師有用的分析資料，因爲深知比起通電話，他更偏好閱讀報告書。

要確保客戶的忠誠度，不是在當場的利害關係上打轉，而是必須建立起成爲彼此間信賴基礎的長期關係。它的第一步是要去傾聽對方需要什麼，其次是符合那樣的利害關係給予持續性的幫助。如此一來，就能創造出附加價値，成爲客戶認定爲不可或缺的人。這比起爲了忙著賣對方沒興趣的標的而焦頭爛額更具效果。當然，不只是投資銀行的業務員，這也是所有行業的核心所在。

4 讓客戶主動來找我

大家都知道不久前成爲職業選手的天才高爾夫少女米雪兒．魏在出場比賽前，光是進軍職業的契約金就賺進約一千億韓元，而躍上大聯盟的朴贊浩選手的年薪也高達一千五百萬美元。

好萊塢巨星的身價同樣超出我們的想像。成爲加州州長的阿諾．史瓦辛格，在電影〈魔鬼終結者3〉的演出費是三千萬美元，湯姆．克魯斯則以〈關鍵報告〉賺了二千五百萬美元。到底他們何德何能得以賺那麼多錢呢？關鍵就在於他們成功建構起獨一無二的銷售網（distribution network）。

通常說到銷售網，提升商品物流的人很多，可是能夠使其範圍擴張多少呢？舉例來說，光只要魏選手有出戰，那次大會的觀眾數就大增，轉播節目收視率也變高。企業想要在此大會轉播節目插播廣告，就得付出大筆的廣告費。

傳統上定義的銷售網是指批發商和零售商、專賣和代理等的概念，但是最近個人自身成爲商品同時也是銷售網的情況很多。這可視爲所謂「明星」的眞正概念。上面提及的運動或演藝界的巨星就不用說了，像電視購物頻道的主持人也是一樣。

在投資銀行工作的法人營業員，必須具備自己的銷售網。但是爲了撈到客戶而絕望地纏住電話筒的新進業務員時期，誰也沒有教過我什麼是銷售網、如何建立銷售網。進公司第一年的我，就像不會游泳也不想沈落水底而拚命掙扎的人。

業務員無異於是要販賣自己。每個人想要與聰明且值得信任、凡事優先想到客戶的人一起做事。這也是我的目標，我非常關心也很在意客戶的需求。

爲此，在我能自信且正大光明地去面對客戶之前，花費了不少時間與心力。我的客戶多半四十幾歲，而我的年紀既輕，經驗也不足，甚至沒有任何願意引導我的前輩。不過，最後我還是和客戶們成功地培養了深厚的信賴關係，這成爲我建立的銷售網的核心。

爲了和客戶變得親近，既要去造訪他們的辦公室，還要邀請他們吃午餐。直到現在，我對打冷電話發掘出的加拿大蒙特婁「Zen信託」的銀行，初次與其見面的日子還記憶猶新。

當時，我邀請該銀行的基金經理人，即法裔的理查·考伯去吃午餐。餐廳的侍者以法語問要點什麼。與加拿大其他地區不同，在包括蒙特婁的魁北克州中，每個人都是說法語的。受到必須給客戶植入好印象的急切意念所驅，我連那名侍者在說法語的事情都沒注意到，只覺得侍者別再來防礙我們的對話就好了，所以我也不自覺地以法語點餐。理查聽到我說得一口流利的法語時，驚訝不已。

「J.S.，沒想到你會說法語！」

他生疏的態度突然起了轉變，頓時敞開心胸對自己的投資組合和投資目標侃侃而談。

我的外語能力出乎意料地扮演了打開僵局的重要角色。

理查的目標是要成爲加拿大績效最高的基金，但自己的基金還很小，就希望我可以幫他。大部分的業務員是想與規模大的基金做交易，所以像理查這樣的小基金並不受華爾街的青睞。但是想要績效最好的基金經理人，一定要有適時合宜的資訊和華爾街的幫助作爲後盾。因此，我立刻反問：「我會提供最好的服務，使你成爲績效最好的基金，但你可以答應所有的生意都給我嗎？」

藉著我的幫助，理查達成了他的目標，衝上加拿大最高績效的共同基金經理人。他的基金大幅成長，我也因爲是這個客戶的超級業務員而得到大豐收。

創造雙贏的局面，絕對是客戶和業務員之間能夠建立的最理想且有效的關係。

另外，給客戶人情上、職業上的信賴固然重要，但也不能忽略再怎麼處於競爭激烈的狀況，都要保有不失從容的幽默感。

因此，我會在筆記本記下有趣的笑話，有空就拿出來練習。爲了成功取得業務，多方涉略是有必要的。只要客戶喜歡我，期待和我見面，那麼大部分的生意都可以談成。

在什麼領域都有自己的實力卻得不到應有肯定的人，這種人的反應通常很極端。一種是只會埋怨世人不了解自己而有懷才不遇之感，另一種是相信不論用什麼方法，只要將自身包裝得很華麗，就能解決問題。不過，在我看來，這兩種都不是高明的方法。

這樣的人必須關心的是，如何確立自己獨有的銷售網。即使開發出再好的商品，如果沒有紮實的銷售網作爲基礎，就無法綻放光芒。爲了達成目標，就必須將自己的才能和能力極大化，提高附加價值，並努力確保與別人差異化的競爭優勢。

5 喚醒「殺手本能」

「天啊，你眞的是殺手，從現在起得叫你殺手才行！」

跳槽到C.L.後，坐在我隔壁的法國人貝特朗對我這麼說。雖然不動聲色，但是心情並不是很愉快。「殺手」這個詞聽起來很可怕，但英文的「殺手」其實是用來表示「了不起的人、令人驚奇的人」。

貝特朗在法國股票方面是華爾街最好的業務員之說，我也早有耳聞。和我同齡的他，身材瘦長，經常和模特兒約會，是個競爭心很強的男人。蓄著一頭短髮，嗜抽菸草的他，與一般的華爾街男人不同，總是以黑色衣著站在時尚的頂端，也總是以特殊的嗓音吹噓今天自己拿到多好的業績。

他聽過我的種種事蹟，所以喜歡斜眼觀察我。和他的作風不同，我已經從經驗裡學到對做到的業績閉嘴不提才是上策。因爲一放出風聲，只會引得覬覦我業績的鯊魚群一湧而上。

但是我越是安靜，這個頭腦精明的傢伙就越是想一窺究竟。我只專注於自己的工作，很少閒聊，讓他覺得很悶。有一天，我偶然地發現不知道我會講法文的貝特朗和其他同事用法文在交談。

「我要來探聽一下那個韓國小姐到底在做什麼。」

然後他做出一臉極爲開朗的表情靠向我。

「愛慕我的女人很多，所以我對女人也算是很了解。不過，亞洲女人和美國女人截然不同。美國女人表面看起來好像粗魯而具攻擊性，但是脫去外殼後就像藥蜀葵一樣柔軟。而亞洲女人表面好像很溫柔，裡面卻像鐵塊一般堅硬。」

他用特殊的法國口音以英文高談闊論著。

我提高警戒心反問：「你到底想說什麼？」

「我今天因爲鉅額交易（block trade，大量交易）而賺了一大筆錢。你怎麼樣？雖然很安靜，但是騙不過我的眼睛，我知道你在做什麼。今天賺了多少？就老老實實說吧。」

那天剛好是數週以來在倫敦和美國的客戶之間穿梭運作而達成有關韓國的大規模交易，獲得我生涯中最高的收益之日。我想看看貝特朗的反應，就照實吐露數字。對於我獲得的業積比他多出二十倍，他嘖嘖稱奇：「看來我也應該馬上把法國市場收起來，改換到韓國市場了。」

即使不需像貝特朗那樣，也還是要具備業務員的殺手本能。就像通常將透徹的判斷力和0.1秒的機會都不放過的爆發力爲特點而成功的足球選手叫做殺手一樣，對於業務員來說，也該具備判斷要推進或退出的動物性直覺。

以霸菱時期的同事梅利爾爲例。他總是能看透市場的趨勢，並選出適當的股票，具有出色的頭腦和敏銳的判斷力。但是他卻沒有成功的業務員該有的攻擊性，以及進取性的本質。在我隔壁座位工作的他，奉獻所有時間只研究哪支股票會冒出頭，而沒有努力去了解客戶到底在想什麼。

總經理要我協助幾乎沒有獲得收益的梅利爾，也因此讓我獲利良多。我教梅利爾一定要經常打電話給客戶，但他的做法卻讓我發現梅利爾離成功的業務員還有一段距離，他並沒有所謂的「殺手本能」。

要成爲成功的業務員，何時接近客戶、何時要退下，必須具有直覺判斷的創意力和攻擊性的決斷力。梅利爾雖然聰明，可是個性軟弱而怠惰，因爲無法達到公司要求做出的收益，所以討厭自己的工作。我屢次勸他轉行做基金經理人，分析性的思考與精準的目光是他的優勢。後來，他果然聽我的勸告轉行，現在已經是非常成功的共同基金經理人。

任何人都天生具有適合自己所屬領域的才能和能力。像分析師、交易人和業務員就各自具備不同的特徵。要成爲敏銳的分析師，要喜歡思考和讀寫，分析交易，同時要有能夠比別人先篩選出好公司的眼光。要成爲出色的交易人，則要擁有迅速決定何時要買賣何種股票的判斷力，以及就算危機迫近也不動搖的堅定膽識。

至於要成爲有能力的業務員，就必須比其他人都喜歡且擅於經營人際關係，同時還要具備異於他人的特殊才能。接下來才可以依照自己的個性和天賦才能適於何種領域，選擇適當的職業。

我不知道我的體內是否藏有殺手本能。不過，我確實在一開始打電話時，就經常遇到認爲理所當然會連結到語音信箱，卻意外是基金經理人直接接聽電話，結果因爲驚惶就直接掛斷的情況。

事實上，只要能夠掌握客戶的特性，就會越來越有自信。先做好事情不可能百分百成功的心理準備，自然能用充滿自信與權威的聲音說話，積極說服對方。

也因此，我後來不管是和多難纏或多有名的基金經理人見面，都能有自信地提出自己的想法或建議。一旦克服恐懼，就可以判斷在何時何種情況必須以何種程度的強度來推進客戶。業務的祕訣在於要提醒客戶，無論如何現在必須當機立斷。當然，要學會這樣的祕訣，必須經歷過無數的錯誤。

6 拆除炸彈的爆炸裝置之鑰是自信心

身為業務員最難為的事之一是，自己推薦的股票暴跌，必須向客戶說明理由的情況。雖然我也有很多這種不愉快的經驗，但其中最為棘手的卻是得向美國的客戶說明韓國三豐百貨公司崩塌，無數人員犧牲的事件。

透過與首爾辦公室的電話會議熟知慘劇始末的我，只是呆呆地注視著電話。聖水大橋的崩塌還不滿一年，就又爆發出一件大型慘劇。如果是天災地變或恐怖事件，還是像什麼核能發電所一樣是在從一開始就有危險因子的構造物發生事故，還能理解，但是好好的百貨公司建築物竟毫無理由地崩塌，根本讓人難以想像。

接到事故消息的美國客戶，會怎麼想像這個叫做大韓民國的國家呢？也許會想說證券市場也像百貨公司的建築物一樣，在某個早上就崩塌也不一定。我的客戶們如果認爲韓國是高風險的投資地區，那就麻煩了。韓國的證券市場已經被此事波及而重挫。

對於無辜枉死的犧牲者們感到遺憾，韓國政府無法預先防止這種大型的慘劇，再加上必須對我的客戶提出足堪理解的說明，使得我的心情忐忑不安，額頭直冒冷汗。顯而易見，這將會是非常漫長的一天。

果眞早上八點一到，從各方湧進來的電話就震天價響，烽火四起。尚未整理好思緒及對策，我根本不敢接電話。秘書不斷喊叫：「1線電話某某某，2線電話某某某」時，我都只能回答：「叫他留話。」

就在這時，我的腦袋裡突然浮現一個想法：日本也曾經過發生類似的悲劇。

在日本推進產業化的一九六〇年代，曾有過因偷工減料而建築物崩垮的事例。就是這個！這種情況是加速進行產業化，是成長迅速難以規避的風險，其市場的潛在力不可小覷。

稍做深呼吸，鎮定心神，開始試圖正面突破。這種時候，美國人會用「勇於面對困難（face the music）」來形容。不說逃避，而應該是主動負起責任，迎向命運。

拆除炸彈的爆炸裝置之鑰就是自信心，必須在客戶們的心裡植入我隨時都在他們身邊的信念。

我直接打電話給最大的客戶：「您大概從新聞得知韓國發生百貨公司崩塌的悲慘事件了吧，所以市場有很大的動搖。我認爲那是過度急速產業化隨之而來的不幸結果。日本也曾有過那樣的事故。這個事件對於我們的景氣預測或股票推薦，並不會造成很大的影響。」

「你認爲股價會再下跌多少？」

我以充滿自信的口吻回答：「這只是一時性的反應而已。對您的韓國股票，我的看法是什麼變化也沒有。」

我整天重複這樣的對話，結果發現說服客戶的過程並不如想像中的困難。

那天是我生命中最漫長的一天，與一位客戶通話結束再打給新的客戶，讓我感覺到自信心越來越強。

7 要擁有鐵氟龍業務員的資質

要獲得長期性的成功，只擁有殺手本能是不夠的，還必須擁有「鐵氟龍業務員」的資質。

世界上沒有完美的人，既然不完美，就會犯錯。但問題不在錯誤本身，而是如何解決錯誤。有人會避免和犯錯的人來往，但如果每犯一次錯就得失去一個客戶，那麼很快的客戶就會全跑光了。所謂「落跑業務員」，就是英文中的「打了就跑（hit and run）業務員」，一旦被貼上這種標籤，就表示這個人的時代已經結束了。

我的客戶中有位德州的大投資家名叫湯姆．杜爾。他接納我的建議買了瑞士保險公司「溫特圖爾（Winterthur）」的股票，卻因爲沒有獲利又不想等待的情況下，甘受損失賣掉了。

可是從那之後開始，瑞士的市場突然變得炙手可熱。觀察著連日寫下漲停價的瑞士市場，就讓我不得不想起湯姆。有一天，他突然驚慌地打電話來：「現在瑞士還有什麼值得買的嗎？」

我試著建議：「銀行如何？」

「不要，銀行好像已經超過水位了。」

我並不想直接點明溫特圖爾，只是謹慎地暗喻著：「那麼保險呢？」

「再買溫特圖爾如何？」

「哦，當眞嗎，湯姆？」

「是啊，我決定了。」

聽到我敘述湯姆又買了溫特圖爾的事實，梅利爾驚訝地大叫：「你眞是了不起的鐵氟龍業務女強人啊！」

鐵氟龍是塑膠的一種，耐酸或是鹽基等有機溶媒，在高熱中也不會熔解，再加上表面十分光滑，所以異物不會附著。

很多平底鍋都用鐵氟龍做表面處理。

美國歷任總統中，最受國民愛戴之一的是羅納．雷根。雖然大家對雷根身爲政治人物或領導者的能力可能意見分歧，但是幾乎沒有美國人討厭他的爲人。對於政治上的錯誤或危機，皆不失幽默和從容的他，「鐵氟龍總統」這個綽號足以道出他的特徵。

就如同食物不焦糊的鐵氟龍平底鍋一樣，縱使犯了錯誤也必須使之不焦。身爲法人業務，當然有可能會非出於本意地使客戶蒙受利益損失。雖然投資者必須負擔投資的風險，但是我所推薦的股票暴跌時，我還是會有壓力及愧疚感。不過，因爲那樣的內疚感就想迴避對方，那就什麼事也做不成了。

尤其遇事就想先暫時迴避的韓國人，更容易造成基本的信賴關係破裂。從華爾街隱退並回到韓國之後，我發現韓國證券公司的職員們，普遍欠缺這方面的自覺。一旦推薦給我的股票急遽下跌，就不敢主動打電話給我，好不容易終於和他聯絡上，他卻只是畏畏縮縮地道歉。

金錢上的損失，不論多少都有挽回的機會，但是辛苦建立起的的信賴關係一旦出現裂痕，就很難修補了。

8 讓對方發洩憤怒直到精疲力盡為止

有時必須去見美國、加拿大和歐洲等地的客戶，這種出差可說是暫時擺脫壓力鍋般的辦公室壓力的好機會，只是一旦上路了就是通往艱苦的開端。想要節省時間，就必須將行程擠壓到最密集。

曾經和兩位從韓國證劵公司借將過來的分析師一起出差到倫敦。我和平時一樣，一早到達倫敦，在飯店淋浴完即可開始一天的工作，迎接安排緊湊的行程，沒想到卻讓韓國來的分析師叫苦連天。原來他們一直抱持著「海外出差即是休假」的想法。

他們認爲出差一週表示業務可以在一、兩天內結束，然後剩下時間去觀光或購物。我不知道在韓國是怎麼樣，但在華爾街是想都不可能的事。

有一次，在韓國投資巨額的巴黎某位重要客戶表示想要和我見面。他是主要銀行的投資組合經理人，不只韓國，在日本也投注龐大的資金，因此不只是我，對公司的日本負責者而言，也是重量級的客戶。

總是透過電話買賣股票而只聞其聲的客戶，與其直接面對面的機會具有十分重要的意義。因爲透過此機會可以拉近彼此的距離，有更多生意上的合作。直接確認只聽聞聲音的人實際上長得如何，不也是很有趣的事嗎？

那位巴黎客戶名叫拉古爾，是個很親切的紳士。比起韓國股票，更關心與我的私人問題，例如結婚了沒之類的。與一般法國人相同，他也是看到韓國籍的年輕女子說得一口流利法語而感到欣喜不已。法國人多半討厭說英語，因爲他們認爲法語是比英語更高級的語言，文化優越感極強。

雖然我因不知如何說服對方多買一點韓國股票而感到苦惱，但是無論如何這股焦躁感是不能表露出來的。

因此，乾脆順著對方的話，談些日常瑣事，然後再找適當的機會，探問他的投資組合結構，或是想在什麼領域增加投資。

任何時刻，無論是午餐或會議中，都必須傾聽對方想說什麼。客戶也是人，不只是工作上的關係，適時關心對方也很重要。爲了達成自己的目的而煩惱，不如好好地傾聽對方的話。若是能夠掌握這項要點，就能分享從心中發出的對話。

六個月後，危機找上門了。在倫敦服務的一名職員推薦給拉古爾韓國五個績優股，韓國的資本市場還沒開放的時期，拉古爾爲了買那些股票必須承受百分百的溢價。即使如此，還是相信倫敦職員的話買了股票，意外地股票竟然暴跌。拉古爾氣得火冒三丈。他立刻打電話到倫敦，說要中斷與我們的所有交易。

拉古爾是我們公司的巴黎分部和紐約分部極力拉攏的大客戶，萬一他眞的切斷與我們生意往來，將會對公司造成莫大的打擊。

結果，說服拉古爾改變心意的任務，就落在擅長說法語且平時與他關係良好的我頭上。

我匆忙趕到巴黎，拉古爾劈頭就開始說明自己損失多麼重大。雖然身處在他最喜歡的巴黎高級餐廳一起用餐，但是我們根本沒有心情品嘗食物的美味。我注視著擺在桌上的麵包籃，苦思怎樣才能抓住這位重要的客戶。

拉古爾叨叨絮絮說個不停。事實上，公司的分析師們並非蓄意提供錯誤的資訊，因爲人類能力無法預測不可抗力的事態，我們沒有理由必須接受責難。但越是這種狀況，越要避免輕率的爭辯。規避責任是最不明智的做法。

「眞的很抱歉，但是如您所知，現在其他客戶也都坐在同一艘船上呢！」

人的心理眞的很奇妙，知道不是只有我獨自受害，心情通常就會暫時平復。而拉古爾只是一時失去理智才生氣，他並非不知所有責任其實是在於自己的笨蛋。

發現他的憤怒稍微緩和時，我提起勇氣補上一句：「現在我們能做的事就是靜待市場好轉。」

在拉古爾提出與巴黎分部、紐約分部中斷交易之前，我立刻亮出預先準備好的底牌。提議直到韓國市場恢復正常爲止，交易手續費全都降低。拉古爾雖不動聲色，但其實已經冷靜下來了。看來原本準備好的第二張、第三張牌，現在都已經派不上用場了。最後，我答應會將那天我們之間達成的合議保密，結果拉古爾像是幾乎不曾發火似地非常滿意。

對方正在氣頭上時，最好要暫時給予發洩憤怒的機會，直到自然而然地精疲力竭時爲止。然後提出準備好應有的解決對策，讓對方領悟到「啊，這人果然很重視我」的事實。只要走到這一步，問題無異解決了一大半。

全靠我的外交手腕，使得與這重要客戶的關係戲劇性地起死回生。

不過，在極度壓力的情況下用餐，讓人有老了十歲的感覺。後來，在那著名的巴黎餐廳裡到底吃了什麼美味佳餚，根本完全想不起來。

9 沒準備好的人別上戰場

爲了設立C.L.的韓國分公司，將首爾和紐約當成臥房和客房一樣進進出出的一九九〇年代中期，我因爲在首爾雇用職員的問題而焦頭爛額。韓國的物價已經到達世界水準，再怎麼精打細算，人事開銷還是負擔沈重。

當然，如果是有能力的人，薪資再怎麼高還是不會動搖公司成本。若有能力拚出自己年薪的五倍以上收益，走到哪裡也不必覺得羞於見人。不過，在首爾想要雇用有能力的年輕人才，就必須保障與華爾街相同水準的年薪。然而，兩邊的生產性落差實在太大了，但要設立分公司，又不能不雇用當地職員。

再者，就算是雇用以優秀成績畢業於明星大學的職員，也還是會經常遇到令人氣結的狀況。以證券公司最基本的業務，指示去對某家企業或業界進行調查爲例，這些學歷優異的傢伙，不會做也不說，幾天過去了，還是靜靜坐在辦公桌前看人眼色。接到命令時還回答說「好，知道了」，等了半天，卻生不出半個結果來。

對在美國受過正常大學教育的人來說，製作報告是基本功。收集資訊，將資訊做系統性地分析後，再做成反應個人見解的報告，這是美國學生的基礎課程。

然而，韓國學生們卻只會死讀書，頭腦比某些國家的學生優秀，卻拿那優秀的頭腦去默背在現實生活中毫無用處的「死知識」，甚至還徹夜流連補習班。如此一來，等到進入大學時，年輕人特有的創意活力早就全部燃燒殆盡了。

韓國的大學生比美國大學生的競爭心弱，而且處事不夠成熟。最直接的例子是，在我的母校衛斯理大學裡，學生自己擬定期末考試的時間表的傳統維持了百年以上。每個人都可以在自己想要的日期、希望的時間考試，而且只要下定決心，就可以告訴比自己晚去考試的朋友考題內容，但是沒有人這樣做，因為一旦被揭發，就會遭到退學。不過，這並不是眞正的原因，原因在於大家存在著競爭意識，不想別人比自己強。我不是說這樣的思考方式比較高明，只是有時良性的競爭反而能夠刺激學生的動力。

在功課以外的領域，韓國和美國的年輕人也有很大的差異。最明顯的是獨立心。韓國的父母認為自己所經驗的困難和辛苦不能留給孩子，所以很少有父母會鼓勵孩子放學後去打工籌措學費。

反之，美國的父母從孩子小時候開始就致力於培植他們的獨立精神。再怎麼有錢的父母，也不會負擔孩子所有的學費甚至是結婚基金。因為這種差異，剛畢業的美國年輕人比起同輩的韓國年輕人，顯得更為成熟而老練。

很多年輕人問我為了進入華爾街要做哪些準備，我認為答案在於韓國的教育體系裡。

學校太早就要求學生對前途做選擇，結果讓學生失去先嘗試各種領域，再選出適合自己個性與喜好的路的機會。甚至文科、理科、外語高中、理工高中等的分類，也限制了學生未來的發展性，壓縮他們成長為全才性人格的可能性。

原則上，只要有紮實的英文底子，看得懂財務報表，就可以在華爾街工作。英文的重要性不須贅述。最近很多年輕人從小開始就遊學進行語文研修，但只要下定決心，在國內也可以學習好英文。唯一的缺點是會話的機會不多。至於寫作方面，製作報告就會顯露出那人的實力，所以必須孜孜不倦地累積訓練。

另外，如同數學是科學的基礎語言一樣，理解各種財務報表也等於是進入華爾街的出發點。財務報表顯示出企業賺或損失多少錢，以及財務狀況如何。

看了企業定期發表的損益表，就可以知道那家公司賺不賺錢，同時還詳細列出買賣商品或服務使用的費用。展示企業累積績效的損益表，相當於學生的成績表。

反之，資產負債表則是展示某一特定時間點的財務狀態的快照。看了它，就可一眼得知那家公司有多少現金和負債、庫存等。在某些行業中，必須具備看懂這兩種財務報表的能力。

但即使是再怎麼擅長英文且精通於解讀財務報表，也無法單憑如此就解決所有的問題。就某方面來說，更重要的是作爲現代人必須擁有的基本素養，以及能夠認同和理解別人的開放心胸。

3

第三章

別做無謂的攻擊

1 壓垮駱駝背脊的最後一根稻草

在英文的慣用語中，有一句話叫做「壓垮駱駝背脊的最後一根稻草（the last straw that broke the camel's back）」。一根稻草根本壓不垮駱駝的背脊，但是如果是行李已經滿載的駱駝，再怎麼強壯，只需一根稻草，確實就能壓垮牠。這稱為臨界點。

不管在什麼領域，為了得到成功都必須盡最大的努力，但那只是基本前提而已，絕對不是必要條件。用同樣的努力，也有好幾種提升到臨界點的方法。舉例來說，想想在廣闊海洋漂泊的小船吧，最多能做的努力就是划槳。雖然沒有效率，但等到吹起順風時，就可以更快到達目的地了。

既然不是超能力者，當然無法隨心所欲調整風勢和方向。不過，再怎麼有理想的風吹過來，如果沒有預先準備好風帆，就什麼都別談了。風帆也好，馬達也好，必須符合自己的狀況和處境，做好能夠提升到臨界點的準備。什麼準備都沒有，只會拚命划槳，還抱怨自己這麼努力卻不成功，是很可悲的事情。

我剛進霸菱當時，分配到歐洲地區的客戶。原本想用一年時間開拓業務，不到三、四個月，就被夏威夷人施加壓力，要求在短期內做出業績。我知道再怎麼努力也很難突破已經基盤擠爆的飽和市場，於是我將目標轉向加拿大。

與美國或歐洲市場相比，當時的加拿大規模小得多，在華爾街幾乎沒有業體或業務窗口，甚至在加拿大當地的市場，也幾乎沒有業務員有系統地管理加拿大的客戶群。

雖然整體的市場規模小得看似沒有作爲，但即使規模再怎麼小，只要能夠成爲那塊市場的翹楚，還是可以讓我從當時的窘境中獲得解放。

在激烈競爭的地方要做到第一並不容易，但在比重不算大的區塊爬到最高位，相對的就簡單多了。

我打著這個如意算盤，開始積極搶攻加拿大市場，努力打電話給蒙特婁、多倫多、溫尼伯、渥太華等地的所有共同基金、退休基金的經理人們。

那塊區域確實沒有華爾街的業體那麼劇烈的競爭，基金經理人對我的冷電話態度也較友善。因此，我開始與加拿大的幾位基金經理人建立良好的關係，也和分析師一起去造訪他們，直接面談。我第一次獲得業績之處，也是在加拿大市場。

在那樣的機會之下，大爲提升加拿大市場臨界點的劃時代事件發生了。加拿大政府對可以投資海外市場的退休基金總額限制開始放寬。原本加拿大政府認爲本國金融市場比較安全，海外投資風險高，所以一直規範各基金不能投資10％以上的資金在海外市場。

我所接觸的加拿大基金經理人，就是因爲這個規定的緣故，運作基金太過吃力而經常心生不滿。許多人爲了緩和這個規範而展開各式各樣的遊說團。

雖說這種狀況一定會改變，但是誰也不能保證何時會變。

就在我集中搶攻加拿大市場有所成就之際，加拿大政府開始放寬限制，10％的海外投資總額放寬至20％。簡單來說，我最具專門性的市場擴大成兩倍，我的業績自然隨之增加。

2 專員成功變通才

機會常常是由沒有預期到之處、極度平凡的狀況冒出來的。只要有所準備，就能立刻掌握住。在初期獨佔所有大客戶並無止盡地折磨我的海嘉，有一天突然遞出辭呈，讓我有了可以再拉攏新客戶的機會。我興奮地去找總經理，請他將海嘉無法好好做出收益的客戶分配給我。

這時，更重要的機會來到了。負責日本股票和若干韓國可轉換公司債的資深業務員也遞出辭呈。在一九八〇年代後半，外國人可以投資韓國股票的唯一方法，只有購買由韓國企業或基金發行的可轉換公司債，稱爲「歐元票券」的間接投資方式。

因爲這在美國還被視爲很小的業務，所以任何業體都沒有配置專任業務員。一九八〇年代後半起，韓國的股票市場開始起飛，海外投資者紛紛急著跳進這裡，但是韓國政府還在繼續拖延市場開放時程。其結果是能夠購買韓國股票的所有間接方法，可轉換公司債和韓國基金以極大的溢價成交。

霸菱也已經透過倫敦和香港分公司參與這項業務。特別是英國方面沒有特別的法律機制可保護投資者，採取打了就跑的短期買賣方式活絡地成交。另一方面，美國的投資者比起歐洲投資者顯得更爲愼重和保守，法律的規範也很嚴格，所以常有不當蒙受損害的投資者提起大規模訴訟。但是韓國業務在美國不活絡並非美國投資者對韓國股票沒有興趣，我的判斷是他們保守的個性使他們不願挹注溢價於韓國基金和韓國可轉換公司債。我發現了隱藏的成長潛力，並決定修正我的軌道。

處理歐洲股票一年左右，市場已達飽和狀態，別的業體提出比我們便宜的佣金，別說我個人，連公司在競爭優勢上也略遜一籌。

因此，我從霸菱在韓國開設研究辦公室起，就一直存有韓國業務的念頭。不只因爲我是韓國人所以有利，再加上韓國市場還是初期階段，成長潛力極大的緣故。韓國已有數種可轉換公司債，投資的客戶卻很少，於是我下定決心要跑在前頭，成爲這個領域的超級業務員。

最初耗費的時間多，利潤不多，但我想不足的部分可用歐洲業務塡補。

等到韓國業務正式起錨，再展開歐洲業務即可。因此，我對總經理提議想在美國試做韓國業務，當時我連想都沒想到這樣的戰略會成爲我事業的另一個轉折點。

韓國市場在一九九二年開放外國人直接投資，我成爲華爾街第一的韓國專員。

我能夠獲得成功，多虧一旦起頭就一定要看到結尾的性格，以及見樹同時要見林的習性、鬥志和毅力。當然還有比什麼都絕妙的時機。成功通常必須結合時、運，但是這所謂的「時、運」不是無限地等待它自動送上門，而是要求自己去開拓和尋找的積極挑戰精神。

我是在國際投資產業進入巨大成長期的時間點踏進華爾街的，更甚者比別人先將聚焦點移向亞洲業務而受惠。所以不只霸菱這品牌在那個領域佔了獨霸性的地位，我也爲自己樹立一個「品牌」。

和加拿大一樣，將特殊的區域當成顧客層，並漸進地拓展勢力的戰略奏效了。我透過這樣的經驗，得到的教訓是不論在何種領域要成功，先以小範圍的專員出發，然後拓寬幅度爲通才。觀察知名企業的CEO，就知道他們都是同時兼備看到遠大願景的宏觀和不放過重要細節的鉅細靡遺。

回顧過去，我在外國度過求學時期的同時，心裡的小角落也不曾忘懷在國際舞台爲祖國有所貢獻。從在華爾街工作開始，這個夢想變得更加鮮明了。盡我所能，幫助韓國企業募集資金，這樣的夢想成爲我日夜奔走所追求的目標。

任何人都應該懷抱夢想，擁有清楚的目標。爲了達到這樣的目標，必須從自己的位置開始，逐步往上爬。

許多人不願從基層出發，而妄想一步登天。但必須從小出發，才能學到將業務提升到磐石之上的方法，當危機迫近時，才不會像蓋在沙上的房子一樣隨風而逝。景氣好時，許多人認爲做出出色業績的人是有能力的，景氣不好時，則能看出眞正的專家和外行的差異。

我的目標是在美國和加拿大成爲韓國股票領域裡華爾街第一的業務員。

任何領域要成爲先驅者並不容易，要有決斷力和不屈的毅力，以及對自己的願景有自信。一九九二年即要對外國人的直接投資開放市場，因應這個韓國股票市場的時程，我從開拓韓國業務的一九八九年起，就認爲必須建立公司投資的基礎。要實現這樣的企圖，需要漫長的等待。當前之務，則是在那不短的期間內撐住，不能落後。

有智慧的人全都懂得將缺點昇華成優點。我在男性競爭者壓倒性地眾多的現實裡，以女性的事實突顯自己的與眾不同，並誘導我的客戶將我與韓國股票市場視爲一體，使其買或賣韓國股票時一定聯想到我。

許多人經常問我：「身爲外國女性，在華爾街工作不吃力嗎？」當然吃力。但是我是外國人的事實既已無法改變，就致力於將那樣的缺點或界限昇華爲我獨有的優點。雖然我也可以將「我是女人」當成工作不順的藉口，但我並不想畫地自限。

在華爾街這樣極度男性中心的社會裡，異國女性爲了存活下來，不比別人努力三倍以上是不行的。要得到對自己業績的認同，也要花相當的時間。但是定下清楚的目標，爲了成爲那個領域的首席而鬥志高昂地努力，最後終會開花結果的。

3 培養賺錢的眼光

在過去連具有相當規模的企業都會對登門拜訪的投資者丟出「怎麼會大駕光臨」的荒唐問題，但是最近不算大的中小企業都已經另外設置**IR**（investor relation）專責單位，並且展開系統性的公關活動了。

如果說**PR**（public relation）是以大眾為對象來宣傳公司的優點，那麼**IR**就是將公司的情報迅速提供給投資者，藉以維持資金的活動，其重要性可見一斑。

國際基金經理人判斷要在哪裡做投資，最重要的方法之一是訪問各個國家的企業。因此，與客戶一起造訪各企業，會見經營團隊，了解這家公司是否眞有投資的價值，也是我的業務之一。

決心開拓歐洲的新興市場後，我曾與「奇異資本公司」和「美林證券公司」的兩位重要的女性投資經理人一起出差。這種海外出差不只是鞏固客戶關係的絕佳手段，也是對於新市場和企業學到全新概念的機會。再者，造訪至今不曾去過的國家，也是很愉快的事。

我們第一次在里斯本投宿的旅館，宛如從一九六〇年代的時光膠囊走出來的建築，不只是旅館，葡萄牙人看起來也像是十六世紀入睡，然後在二十世紀中甦醒一樣。總之，就是好像來到某條極爲粗陋的巴黎後巷。

當天排定的行程是訪問零售業者、遠距通訊公司、船舶修理業者、建設業者、銀行等。其中建設公司和銀行看來管理極佳。建設公司的CFO給人好像金融鬼才的印象。

這家公司引領著各個分包業者，他們確實都需要資金，因此該建設公司擔任如銀行般的中介角色。這家公司不只現金流量良好，也因爲在金融市場容易引來金錢，所以會給分包業者們票據上的優惠。如此一來，分包業者可以利用比較便宜的利息融通資金，建設公司也可以收到那筆手續費。

實際上，公司就如同那位CFO說明地營運得很好，經營的所有層面（金融、費用控管等）調配得宜。即使是建設公司，也像製造業者一樣，具有費用控管系統，令人印象深刻。

經營很好的另一個公司是銀行，他們採取的戰略是以精選的個人客戶和中等規模的企業爲主要對象。這種戰略獲得空前的成功，最近還把事業擴張至利用自動提款機（ATM）的零售金融業。晚上八點半，結束一天漫長的行程後，我們開始討論這兩家公司是否有投資的價值。

第二天我們的行程是前往希臘的雅典市。一九九一年，當時的希臘算是貧窮的第三世界國家。來到冷清的機場，一名胖胖的希臘分析師已經在等我們了。我偷偷幫那人取了「希臘胖子」的綽號。

由於行程太密集，所以無暇去觀光。對希臘的第一印象與華麗的古代文明意象有點落差。脫去歷經四百五十年來接受土耳其帝國支配的不名譽，中古和現代歷史看來像是使希臘傾斜了一樣。號稱「西歐文明的搖籃」的遺址就近在眼前，但卻任其荒頹而沒有好好管理。

也聽說尋訪帕德嫩神廟的觀光客，爲了保留「紀念品」而將珍貴的遺物偷走，希臘當局卻沒有提出因應的對策。

我們要拜訪在雅典證券交易所上市的三個大企業，但可能是天氣太熱又水土不服，半夜一直拉肚子。到了第二天也是因爲肚子劇痛且睡眠不足而精神委靡。結果在某家企業因跑廁所而導致會議中斷。雅典所有的商店到下午三點就停止營業了，根本沒時間買藥吃。

第二天更因爲意外的交通事故受到驚嚇。「希臘胖子」開我們的租車，在道路途中遲疑不決想確認方向之際，某台計程車衝撞我們的車。「希臘胖子」前一晚在夜總會消磨時間，沒有事先確認造訪公司的位置，才會發生這樣的事故。

一連串的事件，讓我對希臘實在沒有好印象。

我們的下個中繼站米蘭，預定拜訪義大利最大食品公司的CEO。我曾經在幾個月前將此企業介紹給華爾街，使其從美國的投資者處成功地得到資本。該公司派車到我們留宿的旅館，送我們到距米蘭約一個半小時位於帕瑪的總公司。

那位CEO給人的感覺很犀利，在紐約初次見到他時，我就偷偷幫他取了一個「啄木鳥」的綽號。

終於換那隻啄木鳥在義大利食品產業的中心地帕瑪迎接我了。許多義大利人的法語能力勝過英語，所以我們都以法語溝通。他提出要將現在僅是中等規模的歐洲食品業者的自家公司，透過多樣國內及海外接收使其成長爲世界性大企業的五年計畫。會議接近尾聲時，這位CEO贈送在華爾街募集資本金給予極大幫助的我帕瑪的特產品，是重量近四十公斤的煙燻五香火腿。那是當時值二千美元的巨大豬後腿。

像這樣的企業訪問，對我而言是很好的經驗。儘管身體因頻繁的出差而疲倦，但是可以和一起前往的客戶締結更爲深厚的關係，而且在現場達成交易的機率變得很高。

但是最重要的是以這樣的經驗爲基礎，培養更銳利的判斷力。這對華爾街投資銀行的業務員來說，不只是必備的資質，也是使得看待人生和世間的的視角更加成熟的珍貴資產。

4 在日常生活中享受偵探遊戲

在投資銀行工作一段時間後，我培養出能夠當下判斷何種生意如何賺錢、什麼是明智投資的犀利眼光。這當然不是一天就可以養成的，而是在拜訪過眾多的企業，並與經營團隊交談過後所累積出來的能力。

具有新穎經營團隊、突出戰略和獨創性製品的企業，都能給它很高的分數。可是有一項必須記得的是，我們在評價人時，會以其性格和誠實性、才能和未來的願景等，進行綜合的判斷，企業當然也是如此。

法人如字面所說的，是以CEO爲代表的多數人集合的企業而已。因此，要掌握企業的特徵，某種程度的「偵探遊戲」是必要的。

若是上市企業，因爲別人已經收集好基本資訊，所以調查起來較不費事。只要看證券公司做出的研究報告書，就可一眼掌握各種財務上的資訊，同時包括業體全盤的現況。

若是非上市企業，問題就變得複雜一點了。和買住宅時一定要環視房子本身，當然還有其鄰居一樣，該企業的環境，甚至周邊的相關者都必須縝密地觀察。例如該公司的製品、競爭者、協力廠商，乃至於客戶等，都要列入檢討對象。

公司眞的有獲益能力嗎？將來的願景如何？具有競爭優勢嗎？爲了回答這類問題，就要像偵探福爾摩斯一樣，四處走訪，並將收集到的資訊像魔術方塊一樣拼湊起來。資訊收集在足以做出滿意的結論之前，不能停止。這樣的過程，也是想要接收或合併其他企業的經營者或分析投資的基金經理人的例行業務。

事實上，我們在日常生活中可以進行相關的訓練。

我第一次搭乘首爾的地下鐵時嚇了一跳，與紐約有百年之久的晦暗陰森且發出異味的地下鐵相比，首爾的地下鐵實在太乾淨又方便了。

再加上首爾的地下鐵票價較低廉，知道此事後大受衝擊。首爾與紐約的生活水準沒有什麼差異，相對於紐約地下鐵的票價，首爾地下鐵的票價至少也要一千六百元才算正常。然而，導入巨額外資建設起來的首爾地下鐵，其票價卻是紐約的百分之四十而已。這樣到底該如何維持良好的服務呢？

儘管我不是該領域的專家，但是再怎麼想首爾的地下鐵票價至少也要漲兩倍以上才行。到底地下鐵公用局以不及正常價格的百分之五十的價位，要如何維持運作呢？如果是一般企業，可能已經破產好幾次了。

不久之後，地下鐵公用局將票價漲爲七百元，可是從一併發佈的幾項財務上的數據來看，得到的結論是票價至少要一千一百元才勉強可以避免赤字。我的直覺果然是正確的。首爾市民利用廉價的地下鐵，代價就是要支付國營企業龐大的稅金。

還有更有趣的例子。

從首爾的生意夥伴那兒常聽到有陪客戶去高檔酒店沙龍應酬的情況。忍不住猜想到底酒店沙龍是什麼、公關小姐是在做什麼的人。原來是和普通酒店一樣在喝酒，但不同的是酒店沙龍有小姐在旁邊服侍。

眞正引我關注的是這些小姐在白天定時打電話給熟客，誘惑其晚上再來的事實。乍聽此事，我的腦海裡就開始隱約描繪起酒店沙龍的生意結構。酒店沙龍的老闆或說「夫人」，將各個客戶視爲「銷售額X」的一個「帳戶」，依此要求各公關小姐做到與其相當的獲利。這樣算起來，酒店沙龍的公關小姐創造收益的結構，就與華爾街的法人營業員極爲相似了。

在高檔酒店喝杯小酒與投資組合的股票或債券沒有什麼不同。酒客要在哪家酒店喝酒都是自由心證，華爾街的投資者也可以與任何金融機構交易，但是維持生意的核心是「關係經營」，而且這正是突顯有能力的業務員、有能力的公關小姐的關鍵。

很多人常問我要投資什麼比較好，將這個問題簡化，就是要怎麼做才能賺錢。其實我沒有能力對此問題提出一針見血的標準答案。

世界上也沒有任何人擁有那樣的能力。

但是可以這麼說，與其執著於手中進出的支票，不如用心去掌握錢的流向。爲了培養那樣的眼光，不一定要成爲華爾街的法人營業員，只要耐心地在日常生活裡計算地下鐵的合理票價，或是進行判斷酒店沙龍的事業結構等的訓練就足夠了。換言之，要對自己的生活抱持好奇心，並經常追根究柢。

華爾街的傳說「富達基金（Fidelity Fund）」的彼得．林區，對於如何找出好股票的問題，他的回答是，在日常生活中如果有喜歡的商品，就要特別去了解那家公司。舉例來說，妻子說她穿的絲襪很耐穿，不容易破洞。如果那家公司是上市企業，那麼買它的股票就對了。

5 金錢會追隨獨立性的思考

世界上的基金經理人多得數不清，不管是否有名，他們之中眞正出色的投資者並沒有那麼多。眞正明智的基金經理人是景氣好時賺錢，景氣壞時還是賺錢。可是你們知道這樣出色的基金經理人的共通點是什麼嗎？就是具有誰在旁邊信口開河些什麼，還是保持毫不畏縮的獨立性思考。

越是有能力的基金經理人，越不易被別人說服，業務員相對的就比較吃力。投資者經常可以從這些傑出的基金經理人那裡獲得新穎的創意或與眾不同的洞察力，他們甚至比分析師具有更犀利的分析力。

我的一位基金經理人就曾這樣說過：「我要做的事就是打敗你們的分析師。」

意思是在找出優良企業時，要比華爾街的所有分析師先行一步。因爲等到分析師收集完資料，做成報告書時，股價早已開始上漲。反之，也是一樣。某企業的績效出現不正常的徵兆時，在分析師們傳達那樣的徵兆之前就先賣掉該股票的基金經理人，可以使損失減至最小。

聰明的投資者懂得把握當今局勢的脈動，具有比其他人先找出具有前景企業的眼光。一旦機會曝光，就會迅速進入第二階段的行動，這就是他們與平凡投資者不同之處。越是明智的投資者，越是具有將自己的判斷轉化成實際行動的勇氣，所以能夠在別人發現那支股票前就以低價成交。

市場停滯時，他們爲了要篩選出哪家公司的股票可以買，會展開縝密的研究和調查。等到大家狂賣時，他們早就保留充足的利潤賣出。簡單來說，他們的思考方式與別人不同，而且有承擔伴隨決定而來的風險的勇氣。

他們在市場停滯時買進，其他人則是在市場轉爲榮景時賣出。

我所遇過的投資者當中，記憶最深刻的有幾個人。雖然別人無法複製他們的投資戰略，但是至少要學習他們是依何種原則來判斷和行動的。

我的客戶中，最聰明也最不可思議的人是，將根據地設於百慕達，名叫阿甘．卡斯提格蘭的傢伙。他具有同時追求名爲價值和成長這兩隻兔子的投資風格。一言以蔽之，就是將自己極爲了解的領域的企業以低價買進。

我留心觀察這位擁有如其自我投資風格般尖銳的藍色眼瞳的瑞典男人，即使手續費不高，還是連續三年獲得拔擢爲最佳國際基金的出色績效。他的共同基金大幅成長，但有一天他卻突然抱怨：「我得要努力工作了。」

喜歡開玩笑的他，每當碰到不太認識自己的人，就會玩所謂的「瑞典土包子遊戲」。例如在餐廳裡翻著菜單：「我得吃最便宜的菜才行，賺這麼一點手續費，怎麼吃得起這麼貴的東西呢？」

而當分析師開始對特定的股票進行說明時，他會冒出一句：「嗯，要問一下我們家的小狗。那傢伙搖一下尾巴就是要買，搖兩下就是要賣。」

他的無厘頭常常讓人不知所措。

有一次，我問阿甘：「你的基金做出那麼好的績效，有什麼祕訣啊？」

「基金越大，越難做出好成績。我發現一個沒有腦袋的人，也能立刻想到的戰略。就是要將交易費用減到最少。在國際市場裡，交易費佔有很大的比重，報酬常常因爲這樣被吃掉，所以我一點都不將投資組合做變動，華爾街的人雖不喜歡但也沒輒。」

有一次和他見面時，與英語發音不好的韓國研究處長同行。一直以生硬的表情聽著研究處長做簡報的阿甘，又突然冒出一句話：「嘴巴裡放了石頭嗎？一句也聽不懂！」

阿甘在很多金融機構做過國際基金經理人，最後在波士頓的投資顧問公司GMO與經營團隊意見分歧而遞出辭呈，並在馬路對面設了小辦公室獨立開業。

當時他的客戶只有五個，但是在我初次遇見他的一九九〇年代初期，已經是基盤穩固的狀態。

最令人驚訝的是他的先見之明。一九九二年美國總統選舉時，大部分的人相信喬治·布希會打敗比爾·柯林頓而成功連任，但是阿甘不同，他預料柯林頓會勝利。到這裡爲止，那都是可能的，眞正驚訝的在後面。阿甘預測柯林頓掌握權力會大幅提高稅金，所以在總統選舉幾個月前，就下達在百慕達避稅天堂開設公司的戰略性決定。

結果如他所料，柯林頓獲勝，稅金大幅調升。阿甘搬到百慕達後，他的基金被選爲獲得最佳績效的國際基金，他的共同基金成長了十倍，卻不用繳納巨額的稅金給美國政府，而能夠保有巨大的利潤。實在讓人佩服。

6 犀利的投資者不會裝腔作勢

還有一位讓人印象深刻的客戶是威利·霍澤。英國籍的威利親切而友善，但是有健忘症，經常連自己去過哪裡都想不起來。

其他的基金經理人通常會誇耀自己有先見之明，但是威利卻似乎不覺其必要性。平常很少開口，讓人難以猜透這人到底在想什麼。他最大的反應多半是偶爾以毫無想法的聲音反問：「你眞的那麼想嗎？」。

有次造訪他的辦公室，他卻沈浸在自己的思維中，茫然地望著窗外，根本忘了我的存在。讓人不禁聯想到羅丹的雕像「沈思者」。後來，會議結束時，我發現他褲子上繫了皮帶且別上吊帶。我好奇地問他：「威利，同時繫皮帶和吊帶，有什麼用意嗎？」

他愣了一下，說道：「哎呀，我沒注意到這事耶！昨晚就開始擔心世界的利率動向和我的投資組合，結果就失眠了。千萬別剝削投資者們的資金就好了。」

「大概是想增加安全感的潛在意識，才會讓你將皮帶和吊帶一起繫上吧！看來以後得要叫你『皮帶吊帶先生』了。」

威利只是笑。事實上，他表露於外的溫和及略帶無神的態度，只是要隱藏他是犀利的投資者的保護色。仔細觀察他的投資組合，就會知道他早已備妥最完善的計劃與因應之道。

我聽到他被選定爲過去十年期間獲得最佳績效國際基金之一的消息，一點都不感到驚訝。

要用一句話來定義威利的投資風格很難，不過他特別偏好保險業界。我自己有在保險公司工作過，對該業界的內幕很清楚。懂得適宜地評價保險公司的價值的人並不多，可是和及早就洞察該業界現金流量的華倫・巴菲特一樣，威利也是將世界各國的保險公司納入自己的投資組合裡。

簡單說，保險公司對於進來的現金的投資績效，會比因保險金給付請求和負債等的現金流出量還多，所以絕對是賺錢的。威利擅長篩選績效好的保險公司，再加上又具有將自己的判斷比別人先行轉爲行動的爆發力，所以無論華爾街的分析師說得再怎麼天花亂墜，威利也都能夠堅信自己的投資具有眞正的價值。

總結我從威利那裡學到的教訓，就是不管別人說什麼，都要買自己熟知業界的股票。當然前提是該業界是有收益性的，否則再怎麼熟悉了解，無法獲益的業界還是沒有意義。如此一來，就不會爲股價短期性的起落而傷神了。

有一次，在午餐的場合遇見威利，他好像比平常沒精神，我問道：「又發生什麼事情了嗎？」

「嗯，昨晚和家人一起吃晚飯時電話鈴響了。一接起來，是某個基金業務員在做電話銷售。嘰哩咕嚕地叫我買『史卡德』基金，我不加思索地說沒興趣就直接掛斷電話了。可是電話再次響個不停，我說我正是基金經理人，別再來煩了，他竟然鬼吼鬼叫說叫我別說謊！」

7 真正的鯊魚也會操控極端的危險

我的其中一位難搞到所有業務員都爲避之唯恐不及的大戶客雷恩，也是擁有堅決魄力的投資者。他是在多倫多股票交易所上市的基金管理公司的大股東，在網路泡沫達到頂點的一九九九年底，他的公司股票價格一路飆漲。

大部分的投資者在這樣的氣氛下，都會沈醉在股價永遠上漲的幻想裡，但是雷恩不同。他從基金經理人的位置引退後，將自己持有的所有股票賣掉。

爲此，我有點不解：「你現在才五十二歲，基金的績效相當良好，爲什麼要引退呢？爲什麼要又把你公司的股票全部賣掉呢？」

向來寡言的雷恩回答：「只是累了。」

幾個月後，網路泡沫化開始蔓延，他的公司股價暴跌，證明雷恩的決定是對的。

但是比雷恩更難招架的客戶是聞名世界的兩個避險基金「索羅斯」和「老虎」。這兩個避險基金不只是世界金融市場的債券和股票，還投資巨額於所謂「會變錢」的所有商品。

尤其是喬治．索羅斯，以「破壞英磅期貨的男人」聞名。一九九二年，索羅斯看透英國的英磅期貨過度高估的事實，開始集中賣出英磅期貨，導致其他投資者一窩蜂跟進。不到兩週，英磅期貨對照美元暴跌20％。索羅斯的量子基金在這兩週獲得報酬高達十億美元。

避險基金在一般的手續費外，回歸給投資者的報酬也佔了20%。當時避險基金沒有那麼普遍，索羅斯和老虎在國際市場裡各據了兩大山頭。這兩個基金傳說性的投資者喬治．索羅斯和朱利安．羅伯森獲得破記錄的績效，使得華爾街所有人注目著他們的一舉一動。

他們不論何時都敢於承受別人稍想都吃力的極端性選擇，所以足以稱爲這個業界眞正的「鯊魚」。索羅斯和老虎比其他人都早將觸角伸進新興市場，在韓國也曾下過豪賭。索羅斯在一九九七年國際匯兌危機剛開始時，投資巨額於成爲「首爾證券」的大股東等幾間企業。老虎也是在作爲「韓國移動通信」（現在的SK電信）大股東的當時，爲了交替經營團隊而積極地行使表決權。

韓國的股票市場開放給海外投資者時，老虎曾經發出邀請，要求我針對韓國市場教育其分析師和交易人。因爲他們承諾要給當時我任職的霸菱五千萬美元而答應了這個邀請，結果卻沒有遵守約定。原來他們背信於我，決定和韓國財團所屬叫做H和S的兩家證券公司合作。

他們因爲低廉的手續費、財團資訊的易得性，而將與我們的約定像破鞋一樣甩開。儘管華爾街是和信用道義背道而馳的地方，但是像這樣卑劣的背信行爲卻還是讓人不恥。我當下與他們中斷所有交易，拒絕與他們再合作。

8 不慌不忙並且固守原則

與前例不同，約翰·坦柏頓非常重視長期性的價值投資，他被譽爲海外投資的先驅。這位傳奇性的美國投資者，將辦公室設在巴哈馬。他移往巴哈馬的理由不只是因爲稅金的問題，而是單純地想離華爾街遠一點。

前景光明的企業股價在低點時買進，上漲時賣出，他提出的這項國際性的價值投資聞名世界。坦柏頓不論何時都只下單買進跌到谷底的股票。若股價突然上漲，就立刻取消下單。

坦柏頓是最先開拓日本股票市場的海外投資者之一，在日本賺了很多錢，但是在一九八〇年代後期，就把所有的股票都賣光了。

依照他的投資哲學來看，如果判斷股價漲得太過，直接賣掉是很正常的事情。一九九三年，日本股市的泡沫化，導致許多人受到巨大的衝擊，但是坦柏頓已經從那混亂的漩渦中遠遠地脫身了。

他對投資的處理方法也是他的人生哲學。不只是股票，他在雇用人員時，也總是發掘低評價的潛藏人才，以廉價採用。現在已經過世的坦柏頓夫人在世時，先生沒有給她充裕的零用錢，叫她要向自己借錢，而且還訓斥妻子長途電話打太多。

有一次，某個職員稱讚坦柏頓的襯衫很有品味，他回答：「謝謝。一九五四年買的襯衫，現在還能穿吧？」

勤儉節約正是他的人生哲學。

九十歲高齡的坦柏頓，也是投資韓國企業最早的海外投資者其中一員。他在一九三七年進入華爾街，從一九五〇年代起投資範圍擴大到全世界，被譽爲開拓所謂的「全球基金」新領域的人物。

即使偶爾蒙受損失，卻還是執著地固守自己的投資原則。

坦柏頓還有一個原則，就是長期投資。不慌不忙，買進來的股票數年間都握住不放。這樣的策略，常使他獲得巨額的報酬。

身材瘦小、滿頭白髮的坦柏頓，就像鄰家爺爺一樣慈藹。在一九九〇年代後期，將自己持有的「坦柏頓基金管理」公司轉售給「富蘭克林」，在協商進行的過程中，「富蘭克林」的年輕負責人因爲小看他而吃盡苦頭。他的公司以爲數不小的九億美元賣出，這在當時是找不到往例的「事件」。

4

all Street

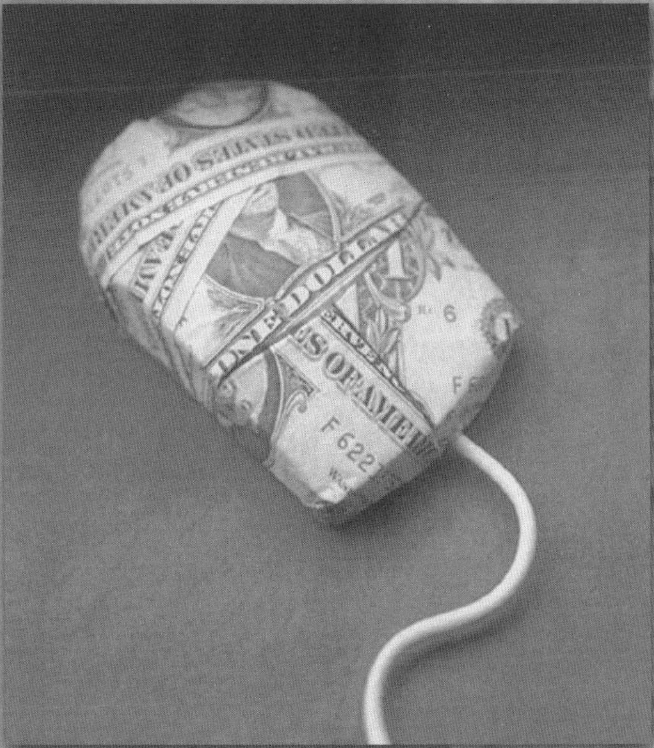

第四章

悄無聲息地獲勝

1 真正的職業高手事事處理起來都是輕而易舉

雪花紛飛的二月某一天，我和分析師一起搭車前去拜訪紐澤西的某家保險公司。從辦公室出發之前，因爲正在和倫敦交易所討論重要的交易，所以搭車的前一小時都用手機通話。到了目的地和客戶吃午飯期間，又有兩通電話打進來，最後透過電話終於成交，使得公司大賺一筆。

我的客戶和分析師看到我用幾通電話就「簡簡單單」賺到錢，感到驚訝不已。事實上，他們看到的只是冰山一角。我爲了做成那筆交易，過去幾個月來不知投入多少的時間和努力。

和客戶A（買方）接觸，花了數個月去游說韓國特定股票有値得投資的價值，其間我又接洽客戶B（賣方），說服他說那支股票已經賺很多錢了，現在是保留利潤賣掉的時候。手腕運用得宜是理所當然的，但是也必須伴隨著熟知所有客戶的投資組合，同時在決定性的瞬間施加適當的壓力以完成交易的本能，那樣的努力才能開花結果。

只要留心觀看棒球比賽，就能感受到越是眞正職業級的人物，遇事就越能輕而易舉解決的事實。外野手飛身將看來好像完全接不到的球抓住，觀眾會毫不吝惜地給予掌聲，但是眞正的職業選手卻是將打者和投手，甚至連球場的特性和風的方向都已經計算好了，藉此調整守備位置。因此，平常的位置難以接住的球，就能輕易抓住了。

我在打冷電話的新人時期，看到鄰座的前輩一通電話就賺進巨額金錢，心裡暗暗稱奇。在我的客戶裡，頭腦動得最快的阿甘·卡斯堤格蘭，在〈華爾街日報〉中被選定最佳國際共同基金經理人，結果他的基金以幾何級數成長。當時，我請他吃午餐，丟出這樣的問題：「你如何能在一夕之間獲得巨大的成功呢？」

他隨即苦笑，回答：「我爲了這看來像是一夕之成功的事而工作了二十五年呢！」

成功之路，總是伴隨著別人眼中看不到的漫長歲月。

我很能體會阿甘的心情。才三年就登上霸菱的大製作的我，當時付出的努力和忍耐，現在回頭再看都覺得不可思議。若有人問我要不要再回到那個時期，我會回答就算給我億萬金錢也不要。

晉升超級業務員的行列，就必須改變戰略。身爲管理法人客戶的業務員，在我負責的客戶中，不是去維持五個的一等地位，而是守住對其餘客戶的二等地位。

一等是很危險的位置，能維持現狀就算了，稍有不愼犯錯，立刻就會被拉下來。反之，守住二等地位的客戶，就能在一等地位發生問題時，產生如「保險」般角色的功用。

可能會有人問，難道在所有客戶中位居一等不好嗎？其實不然。既然無論如何人的能力是有限的，就必須找出最有效率發揮自己的能力和精力的方法。

像我，就會想努力確保客戶類型的多元性。舉例來說，只要保留偏好短期交易的客戶與志在長期性投資的客戶，那麼市場狀況再怎麼改變，也不會遭受重大衝擊。

當然，我們準備得再完善，也無法預測所有的變數。不過，眞正的職業高手，會在自己做得到的範圍內，訂定最保險的戰略。一味地往前衝，未必是好事，也不一定能得到高額報酬。總之，只要好好審視自己所處的競爭狀況，就能夠找出獨創性且具效果的戰略。

2 賺錢之道就是置之死地而後生

有句俗語說：「置之死地而後生。」遇到的困境可見一斑，否則不會有這種想法。尤其是在看起來光鮮亮麗且容易賺錢的領域，眞正進去才知道很多時候不吃苦頭是熬不過來的。

因爲企業訪問或分析師說明會等，我有很多機會巡訪各國。成爲大製作後，搭飛機也是坐頭等艙。抵達目的地後，就會有人前來迎接並接至事先預定好的高級飯店。看起來好像很豪華，但我始終抱持著「賺錢之道就是置之死地而後生」的信念。

轉換跑道至C.L.後，世界銀行的底下組織之一的國際財務公司（IFC）聯絡，啓航摩洛哥基金需要我的幫忙。該基金的目的是藉著將外國資本維持於摩洛哥的上市企業，以謀求摩洛哥資本市場的發展。

我的客戶不乏對摩洛哥企業有意之人，對方甚至還訂定出差計畫與其中的一級客戶BEA的基金經理人瑪格麗特一起巡視摩洛哥市場。剛好C.L.的經營團隊在那之後要在印度與當地的企業舉行會議，所以計畫再由摩洛哥飛去印度。

爲了與摩洛哥的企業協議，先飛去卡薩布蘭加，並安排行程在摩洛哥的首都拉巴特會見財務官僚。摩洛哥的官僚翹首期盼此基金的成功，還拍胸脯說只要華爾街的「兩巨頭（我和我的客戶）」大駕光臨，就會下達盛大款待的命令。

然而，這次出差之旅剛出發就遇到難關。當時「法國航空公司」推動罷工，在最後一刻必須修正所有行程。改從紐約飛到法蘭克福，在那裡轉乘往卡薩布蘭加的飛機。不料到達法蘭克福時才發現，我們的行李不翼而飛。當前重要的會議都已經排定，想到必須穿同一套衣服來往各地，眼前就一片灰暗。

就在痛下決心，準備一套衣服「從一而終」時，航空公司竟奇蹟似地找到我們的行李。

抵達卡薩布蘭加的我們，受到IFC當地職員的隆重款待。在下榻處放下行李後，立刻與IFC代表見面，就摩洛哥基金的細部事宜進行激烈的討論。然後又與扮演當地經紀人角色的仲介業者代表見面。

第二天則與內定爲此基金的合夥人見面，亦即摩洛哥最大銀行的總裁。他比法國人還法國人，是個很有品味且有魅力的男人，不僅外形出眾，連行爲舉止都完美極了，我的客戶瑪格麗特對他傾心不已。

接著，我們移動至摩洛哥的首都拉巴特，在那裡見了財務部長，他因爲急切想要發展摩洛哥的股票市場，所以看到我們就好像看到救世主一樣。

摩洛哥的資本市場還未脫去落後的面貌，但是就經濟面、政治面來考量，已經可以看出成長的端倪。會議一結束，自傲而有敏銳嗅覺的瑪格麗特，也已經聞到味道，並且表明想要投資摩洛哥股票的意思。

與重要但性格難纏的客戶一起出差，壓力其實很大。

瑪格麗特對我而言不只是重要的客戶，她的年紀比我大，所以有時我有種好像是她的秘書似的感覺。一到週末，她就堅持既然都來到摩洛哥，就一定要去著名的渡假勝地馬拉喀什看看。就算得開車達三個半小時，也莫可奈何。

我們住在世界知名的「拉碼穆尼亞（La Mamounia）」酒店，世界各國的領導者和電影演員雲集的這家飯店，有美麗的庭園和漂亮的游泳池。不過，現在即使房價昂貴，還是難掩衰退的感覺，服務也不好。

摩洛哥的銀行相關人等追著我們來到馬拉喀什，並招待晚餐。當時摩洛哥正受到嚴重乾旱的侵襲，正在進行第二年的祈雨祭。不料就在我們接受招待設於某個帳篷裡的晚宴那晚，大雨開始傾洩而下，大家於是起鬨說我們是駕雨而來的。

成功結束摩洛哥的行程後，啓程前往印度。法國航空公司的罷工終於結束了，但是從巴黎到孟買的飛機班次是否起飛還是未知數。得先去巴黎才知道狀況。

我們星期一早上五點起床，展開漫長的旅程，橫越至少三個大陸後，終於到達孟買，這時已經是星期二早上了。飛機一著陸，便開始從機場散發印度特有的咖哩味道。不僅如此，不太喜歡印度的瑪格麗特，還鬧著要當場隨便搭往曼谷的法國航空離開此處。

飯店派出的接送車讓人聯想到一九二〇年代的古董。四處都有乞討的小孩。還沒主動開口就說要幫我們提行李且拉了就走的男子，給他相當於印度錢足足六十盧比的美金，竟還大聲喊著要多一點。瑪格麗特和我宛如落入地獄一樣，面面相覷。

在去飯店的路程中，我費盡心思想要鼓勵情緒低落的瑪格麗特。事實上，連我自己都感到極度沮喪。

到了孟買最高級的飯店「泰姬瑪哈」，一打開房門就冒出一隻大蟑螂。

連氣都還沒喘，電話就響了，我們那位一點幽默感也沒有的董事長說要一起用早餐，只好快速換了衣服，也沒沖澡就出去了。

恍恍惚惚地吃完飯，接踵而來的是排得滿滿的印度企業會議。造訪印度中央銀行，發現其辦公室極爲粗陋，四面貼著工會所做的罷工海報，是勞工們要求給付獎金和撤回民營化計畫的抗爭訴求。

我想破頭也想不出誰會想在這種地方投資，無獨有偶地瑪格麗特也直搖頭說勞工們太過社會主義化了，而且對外國人投資並不友好。結束漫長的行程後才發現，我們已經七十二小時沒睡了。看來環遊世界拓展生意不是多麼享受的事。

到了晚上，好不容易結束所有的拜訪行程，我立刻與隔了七年才第一次見面的印度籍企管研究所同學吃飯。他們清一色是有錢人家的子女，不是印度鞋王的兒子，就是石油王的女兒。想起我們在波士頓一起度過的學生時期，眞是愉快啊！不過，這群朋友眞是夠了，竟然異口同聲地說：「爲什麼要那麼努力工作呢？趕快嫁人吧！」

第二天的行程沒什麼差別。所有印度企業的簡報都像是同一個模子印出來似的，讓我實在沒什麼好印象。這天晚上，帶著輕鬆的心情前往機場，預定照行程經由新加坡飛到香港。

出乎意料地，那趟旅程的苦難在等著我。從孟買順利飛到新加坡，但從新加坡飛抵香港時我們才發現，啓德機場因爲不明原因而暫時關閉。

我們的飛機在香港上空盤旋，最後飛往中國廣州。剛好那時下起暴風雨，飛機嘎吱作響，在著陸的瞬間，心臟簡直快從胸口跳出來。爲了公司要這麼犧牲奉獻，實在是始料未及。儘管如此，我還是不忘用飛機內的衛星電話取消預定行程。

更糟的是，中國官員們禁止我們下來機場的轉乘區域，於是我們在什麼都不知道的狀態下，被困在飛機裡長達七小時。最後，終於聽到機長說要返回新加坡的廣播。

到達新加坡後，看到報紙才知道發生了什麼事。原來我們搭乘的新加坡航空飛機，在香港上空試圖著陸之前，「中國航空」的一架飛機墜落在附近的海裡。

3 高處不勝寒

一九九〇年代初期，美國的投資者們開始交易韓國股票。在紐約設有分公司的韓國證券公司，為了拓展美國業務而開始廝殺，其中幾家企業為了挖角而與我接觸。

在華爾街大概一個特定的領域裡會有二十多名專責者，而獵人頭或競爭業體，甚至於連客戶也都清楚誰是「前三大」。踏進這世界已有五年，我看到許多業體為了雇用我而頻頻來電，我才終於對獲得「一夕之間的成功」的事實有了真實感。在這領域以一介女子之身獲得成功是很費力的，一旦建立基礎之後，身為女子的事實其本身也足可使人記得我的存在。

辦公室的電話有錄音，很多事不能在電話裡談，他們不知怎樣得知我家的電話號碼，排山倒海地發動電話攻勢。雖煩卻又難以對他們的誘惑照單全收，不知如何是好，乾脆故意提出「退休金一百萬美元，本薪一百萬美元，保障純收益50％」的苛刻條件。令人吃驚的是，韓國的兩大業體竟然眼也不眨地回答：「我們協商一下吧！」

最後我選擇了C.L.。當時在像C.L.這樣的公司裡接到負責韓國生意的業務，大部分的業務員一定頭也不回地離開公司，但是被譽爲華爾街第一韓國專家的我，只要活用銷售網，就有自信可以達成建立起韓國生意的目標。雖然這絕對不是容易的事，但無疑是個値得冒險的挑戰。

另外，因爲是被以頂級製作的資格挖角到C.L.，所以想做出一番實蹟。當時，我仍然無法擺脫掉身爲女人而想在這男性中心的社會發揮卓越力量的慾望。

然而，工作一週後，我發現基本條件太差了，因而興起「我的決定錯了嗎」的想法。

韓國當地完全沒人負責交易，坐在地球另一邊的我，也幾乎束手無策。

與韓國業務基礎完備的霸菱相較，這裡的難度至少高出十倍以上。幸好我對客戶的投資組合很熟悉，否則連要找出共通話題都不容易。

為了克服在首爾當地沒有辦公室的限制，與韓國幾家證券公司締結契約。在紐約設有分公司的韓國證券公司，企圖擴大美國的市場，對於我的加入，當然極為歡迎。

華爾街對景氣的敏感不必贅述，這次我碰對了時機。韓國市場從一九九四年初開始就滾熱起來，大家因無法跳進這塊市場而焦急。幸運的是，不到幾個月，我之前投入的努力逐漸結出美麗的果實。我的收益佔了公司整體收益的20％。

這20％，是個近乎奇蹟的業績。一開始認為我不怎麼可靠的C.L.董事長，現在成為我最強力的後盾，並支持我在首爾開設辦公室的要求。他打破自己節儉的原則，撥出一大筆預算，同時催促我盡快雇用當地職員。一旦化不可能為可能，那麼以前不見關心的人也開始認真地追隨而來。

為了設立分公司，在紐約和首爾之間像吃飯似地往返，往返地球兩邊就像上下班一樣頻繁。不過短短的一年，進出首爾的次數就多達十次。留宿在首爾的時候因爲太忙碌，根本抽不出時間和家人團聚。

最後，我決定不住飯店而住家裡，結果董事長卻因爲時差問題而無法隨時打電話或發傳眞，抱怨說太不方便了。當時可以使用手機的區域有很大的限制，也還出現國際漫遊的服務。基於上述理由，董事長只好要求我移居飯店。

我在飯店半夜醒來，經常分不出這裡是紐約或首爾。因爲必須早一天回去紐約賺錢，所以在首爾的行程完全被各種會議和面談塞滿。

母親也常因不知我到底是在紐約還是首爾而擔心不已。每天早上離開飯店赴各種會議之前的早餐時間，是唯一可以在飯店和她見面的時候。她總是說我簡直比總統還忙。

每次從紐約到首爾「上班」時，只能在飛機裡簡單充飢，然後開始整理如何整頓韓國分公司的想法，並努力補充到達首爾就能立刻工作七小時的睡眠。

經驗過霸菱在首爾分公司投入大量金錢和過多人力的失誤後，這次不希望重蹈覆轍。身爲韓國生意的負責人，也不容重複同樣的錯誤。怎麼做才能投資最少的錢而拉到更多的生意呢？爲了支援韓國分公司，一定要投入更多的業務員嗎？在像韓國競爭同樣激烈的市場裡，分公司投資到何種程度是最適當的呢？萬一韓國市場突然冷卻應該怎麼辦呢？在韓國開設分公司的做法是對的嗎？我不會正在打開一瓶裝滿蟲的罐子吧？

華爾街的同事羨慕我升到擔任新生意的負責人而必須下達重要決定的位置，但是當時的我，正爲種種疑慮困擾著，心情根本平靜不下來，更別說有陞遷的喜悅了。

環顧大韓航空紐約——首爾飛機的頭等艙，發現韓國男人佔了大部分的座位。我總是唯一的女人，而且還是最年輕的人。

沈重的負擔感和責任感，讓我倍感孤獨。我攀升到最高職位，完成某種程度的夢想，但是想到迫在眉睫的任務，心情又開始沈重起來。

每當此時，我就會想起母親鼓勵我的話，努力找回平靜的心情。

「你背負的壓力與韓國財團董事長相同。若要說有什麼不同，就他們具有更稱頭的職銜，操縱的數字多加了幾個0罷了。」

爲了使韓國生意正式啓航，我的努力在一九九四年十一月開設首爾分公司並於希爾頓飯店召開盛大的招待會時達到頂點。在一年多的時間裡，以一個人的力量，打造了足以和華爾街的競爭業體們較量的韓國生意的據點。

4 實力者在中途敗北的理由

任何組織都有兩種人。以成功的信心作爲跳板，不看別人眼色，默默將分內工作做到最好的人，以及耗費許多時間收集資料，苦思怎麼做才能將其應用到對自己最有利的方向的人。我對這兩種人各自取了「成就者（achiever）」和「政客（politician）」的綽號。

你是屬於哪一種人呢？大概很多人都會回答「成就者」吧！至少不太有

人會認爲自己是政客。但可惜的是，事實並非如此。

我們身邊的確有很多機會主義者不理正事，反而一味思考著與誰聯手對自己的陞遷、年薪調升或業績有利。

我在華爾街犯的幾項錯誤中，最重要的正是這個部分。我將自己歸類爲成就者，而且相信只要不理會小人之輩的政客就沒問題了。

然而，太過自覺是女人似乎造成負面的影響。最初沒有人對我伸出援手，等到我站上大製作的位置，之前無視於我的人，我就以牙還牙。這是爲了隱藏自己的傷口而使出的苦肉計。我的成就說明了一切，上位者一定會認同，並提高我的年薪。多麼天眞而愚蠢的想法啊！

男人喜歡藉著交際應酬培養情誼，尤其是在華爾街這種極度男性中心的社會裡，女性總是被當成外國人。他們會彼此交換資訊，也會爲了陞遷或獎金而勾心鬥角，在辦公室裡進行鬥爭。在華爾街幾乎很少有升到高位的女性主管，更別說要以女性的身分面對嚴苛的競爭。

我與霸菱時期的直屬上司，也就是擔任總經理的夏威夷人，關係無法維持得很圓滿。這是我的失誤之一。因爲一開始認定這家公司雇用我的董事長是寵信我的，所以相信總經理不敢對我太過分。夏威夷人只要一有空，就對同事們放話說要解雇我。我成長爲替公司賺進超過一百萬美元收益的大人物後，他卻出乎意料地開始爲自己的行爲找藉口開脫。

「我對你有很多好像錯誤的行爲，J.S.。如果讓你陞遷，是否能夠補償我之前的過錯呢？」

雖然最後我在霸菱升到副總經理的位置，但在那之後事情並沒有好轉。副總經理的職銜只是沒有實權的空殼而已，夏威夷人仍是不公正的老闆。因此，我還是堅持不阿諛奉承。

然而，我的高位卻使我在公司內部樹立不少敵人，我一介女流要如何在這種競爭激烈的環境中生存呢？

回顧當時，我最重大的失誤就是沒有培養良好的人際關係。

對主管應該恭敬，對同事則要給予尊重。就算是同事，男人也討厭女人直接挑戰自己的能力。一方面要維持與同事之間的和諧，一方面要堅持自己的原則，必須在這兩者之間取得微妙的平衡。因此，自制力和成熟是必要的。

在霸菱的倫敦總公司，有一位大製作等級的男同事是韓國人。以前在首爾具有基金經理人的工作經歷，四十幾歲。每次我無法妥善解決問題時，他就打電話來威嚇：「李小姐，董事長對你很失望，還後悔說雇用你是否做對了。」事實上，董事長並沒有那麼說。換個角度想，也許他是想激勵我才那麼說。當然，我知道這是不可能的，

因爲一旦我完成大筆交易，他就會打電話來，沈著聲音說道：「李小姐，爲什麼做那麼多工作？由於你的關係，害我變得好像很無能。」

如果我更有自制力和幽默感，就不會同爲韓國人卻在紐約和倫敦用國際電話吵得臉紅脖子粗了。

如果我能夠與主管保持良好的互動，就可以擁有強力的後盾了。

不幸的是，我最後才領悟到，在辦公室裡發揮該有的政治力，比起與客戶建立信賴關係更費力也更累人。這所有的失誤和不成熟的代價實在太大

了。

5 人類世界是動物的王國

我說過，過度執著於成就者的姿態是最大的錯誤，並不是後悔沒能成爲政客。當然若是運用若干政治性的手腕，就能得到更多的報償，但是那種後悔留到現在一點意義也沒有。唯一遺憾的是，如果我行事作風再更成熟一點，就能明智地、少受點傷害，並以愉悅的心情工作了。

在霸菱因爲似毒蛇陰險的夏威夷人的關係，帶著失望和傷害跳槽到C.L.，但是後來才發現，牽扯的金額變大，鬥爭變得更加劇烈了。尤其是C.L.的直屬上司「大狸貓」的貪婪，有段時間讓我大受衝擊而改變我的人生觀。

大狸貓和我一起精算年終獎金，在平等分紅的條件下，協議共同負責公司裡最大的客戶BEA。雖說是共同負責，總經理大狸貓卻幾乎不曾參與，相關的業務全都落到我頭上。當初我會跳槽到C.L.，就是BEA從中牽線的，這樣BEA理所當然是我的客戶。

說眞的，過去一年下來，爲應付這挑剔的客戶，不知吃了多少苦。客戶承諾要報答我，會在可能的範圍內給我很多的生意。每次我抱怨這客戶有多難纏，剝奪我多少時間時，大狸貓總是出言安慰我：「別擔心，獎金少不了你的！」。

等到會計年度結束，和大狸貓面對面協商獎金時，我驚訝地說不出話來。他提出的數字沒有超過我想像金額的一半。

「爲什麼我的獎金這麼少呢？以收益爲基準來看，至少應該要有兩倍才對。該不會是哪裡計算錯誤了？例如未把BEA的收益納入，還是……。」

大狸貓以冰冷的表情回答：「你獲得的收益是扣掉BEA來計算的，因爲BEA是我的客戶。」

我臉色鐵青地看著他。這意味著整個公司最大的客戶所得的年度收益，他要整碗端去。我一年下來，到處奔走的結果卻換來一場空。我不相信竟然可以爲了錢，就厚顏無恥地背叛別人。

我絕望地說：「BEA是你和我共同負責的客戶，你曾答應要平分這裡所得的收益不是嗎？如果知道你不會遵守約定，我就不會那麼拚命了。」

狸貓的表情沒變，回答也很簡單：「BEA怎麼會是你的客戶？明明就是我的客戶呀！」

再爭執下去也不會有結果，我乾脆直接找董事長商談。如果因爲我是女人才發生這種事，那麼我絕對不會善罷干休。不料大狸貓已經先下爲強，早就向董事長報備過。雖然董事長對這個事件的實情比誰都還清楚，但卻擔心草率聽從我這邊的話，大狸貓會轉投到敵方陣營。

「J.S.，關於BEA這個案子，可能有什麼誤會。那個是大狸貓的客戶，所以我無法理解你爲什麼會那麼氣憤。什麼都不必再說了！」

董事長的聲音如同大狸貓一般冷酷。

就這樣，我原本擁有的在地價貴得出名的曼哈頓地區足以購置最高級的公寓還綽綽有餘的一大筆錢，整個被「劫」走了。腦裡頭充斥各式各樣的想法。從辭職到要怎麼做才能平復情緒……我掙扎了好久。

但正如種什麼因得什麼果這句話，大狸貓很快就得到報應。他被原本視爲左右手的心腹背叛了。這個人是典型的政客，自認爲是虔誠的基督徒，不論何時都稱我爲「姊妹」。一開始我對他誠懇的舉止釋出許多善意。年紀大又沒什麼經歷，若不幫他什麼事也不會的人，但是對組織內政治性的手腕之圓滑和駕輕就熟，令人瞠目結舌。

那樣的他，即使業績微不足道，卻靠著一點手腕拿到比我多兩倍的獎金。這樣我能不驚訝嗎？

他是「蟒蛇」。這條蟒蛇精心策畫，引起政變。那是在大狸貓出差前往香港，不，正確說來是大狸貓圈禁在天上時發生的事。蟒蛇找上董事長，要求將大狸貓撤下，自己取而代之。隔離在飛機裡，不能打電話爲自己辯護的大狸貓，根本束手無策。

雖然董事長最後並未撤換大狸貓，但他的影響力已經大受影響。大狸貓的運氣好，霸菱的夏威夷人就沒那麼好運了。倫敦總公司發生的「政變」，與直接雇用我的克里斯多夫董事長，都走向被「撤職」的悲慘命運。我現在還忘不了夏威夷人離開霸菱那天，眼淚盈眶的表情。

儘管夏威夷人淪爲倫敦總公司權力鬥爭下的代罪羔羊而被迫離開霸菱，但是就某方面看來，離開對他而言或許是好事。因爲不久之後，英國的霸菱總公司就宣告破產，成爲世界金融史上頭一遭的事件。

之前就從某客戶那裡得知霸菱在日本期貨市場蒙受重大損失的事，但傳聞本來就是這樣，所以我根本不當一回事。直到某一天，無意間看到新聞才大吃一驚。霸菱因爲在日本的期貨市場慘賠十億美元而宣告破產了。

天啊，霸菱是什麼樣的銀行？一八〇三年，美國的傑弗遜總統買回從拿破崙一世起即屬於法國的路易斯安那接濟資金，納英國女王爲客戶，被譽爲世界最大的民間銀行。那樣的霸菱竟然一夕之間就瓦解，即使我不是霸菱證券的人，也無法掩藏巨大的衝擊。許多客戶和同事們也紛紛來電告訴我這件事。

原來搯倒這巨大金融組織的是一名二十八歲的交易人，名叫尼克・李森。他在霸菱的新加坡分公司上班，主要做日本市場的投資。最初獲得成功，躍升爲霸菱的英雄。但是他爲了隱蔽少許錯誤而以不正當的方法掩蓋，使得損失像雪球一樣越滾越大，最後竟高達十億美元。

後來，尼克和妻子畏罪潛逃。

華爾街實在是人類所有慾望的大熔爐。錢越多，人類的慾望越是赤裸裸地表露無遺。

6 人類的極限

人類爲了實現目標而投注過多的努力時，一定會出現副作用。以我爲例，巨大的壓力和壓迫感，以及足以引發暈眩症的頻繁的出差，導致累積在身體和心裡的疲勞爆發，引起甲狀腺機能亢進症，通稱爲「葛瑞夫茲氏病」。

為了穩定韓國生意，我每年往返首爾和紐約至少十次。一天折騰十五小時的過勞，對健康是一大傷害。

罹患甲狀腺疾病，會出現容易疲累、失眠或體重減輕等的症狀。症狀不明顯時很難被發現。我以為是頻繁出差和過多業務造成的，不太在意。

於是，我找朋友推薦的的營養師，照她指示接受血液檢查，結果發現甲狀腺荷爾蒙數值異常偏高，要求我去醫院複診。體重減輕約五公斤，臉頰消瘦。再怎麼吃，體重還是直線下滑。晚上雖疲累，心臟卻還是怦怦直跳，無法好好睡覺。

我找了波士頓和紐約兩位知名的內分泌學者進行診察。他們都診斷出來是甲狀腺機能亢進症。原來是嚴重的壓力導致體內的微小腺體甲狀腺產生異常所引發的疾病。

甲狀腺就像溫度調節裝置，分泌重要的荷爾蒙來調節人體內部的新陳代謝。所謂的甲狀腺機能亢進症，是過度促進人體新陳代謝，招致極度的疲勞和心悸亢進、失眠症、體重急遽減輕等的疾病。醫師會給予抑制甲狀腺活動的藥物處方。身體痛苦還在其次，得了這病的事實讓我的心情沮喪到了極點。我到底是爲了什麼而認眞工作到健康亮起紅燈呢？

連續服用了兩週的藥，半夜常常因爲全身發癢而從睡夢中醒來。這是服用藥物引起過敏的反應。醫師並未事先告知我可能會產生這樣嚴重的過敏反應。醫師要我立刻中斷藥物服用，進行放射線治療。

爺爺和叔叔都是醫師，所以我對醫師很尊敬，但是我突然發現，原來醫師還是有很多不懂的疾病。病患的體質如何，對特定藥物會出現怎樣的反應，在不知情的情況下開處方，等於是把病患當成白老鼠。經歷過這樣的事件後，我深切領悟到，自己就是最好的醫生。

面對疾病卻束手無策，讓我產生極度的失落感。服用藥物卻出現嚴重的過敏反應，進行放射線治療，難保不會再出現其他副作用。更糟的是，若接受反射線治療，那麼爲了控制甲狀腺數值，到死爲止都必須服用藥物。這絕對不是我想要的做法。

我毅然回絕醫師的提議，開始打聽營養療法，但都沒得到什麼好的回應。

醫師們施加壓力，要我盡快接受治療，避免延誤病情。

那段期間業務量銳減，也不必出差。我不禁思索著，如果被疾病拖垮，那麼認眞工作又有什麼意義。爲了完成目標而不能休息，結果竟提早面臨人生的盡頭，眞是得不償失。

7 在絕路上等待救援

我是基督徒，但平常只在星期日才去教會。這時，我卻絕望到只能以抓住稻草的心情求助於教會。

驅車來到位於被稱爲「字母城市（Alphabet City）」的教會，該地區在一九九〇年代充斥著毒品走私商和同志酒吧、流浪漢，是曼哈頓代表性的犯罪地帶。我在幽深的巷弄內，某棟破敗不堪的建築物上找到「巴西五旬節教會」的招牌。一樓是同志酒吧。爬上嘎吱作響的狹窄樓梯，敲了敲門，年輕的牧師迎向我。

牧師的黑色鬈髮和明朗的笑容讓人印象深刻，是個三十多歲的年輕男子。

「您好，請問有什麼事嗎？」

「牧師，我來這裡是爲了祈禱病癒的。因爲業務的壓力而得了甲狀腺疾病，希望牧師能爲我祈禱。」

「上帝會爲您治療的。只要七週內虔誠禁食祈禱，病就會痊癒。」

「上帝眞的會治好我的病嗎？」

牧師微笑著述說自己的體驗：「我在信上帝前住在巴西，和某位有夫之婦有不倫關係，結果遭到感染，罹患性病。我用盡各種方法，還是無法治癒。直到有一天跟著朋友來到教會，跟上帝祈禱，只要我的病能夠痊癒，我就會把我的人生奉獻給您。沒想到，我的病竟然奇蹟似的好了。」

牧師的一番話，給予我無窮的希望。

「明天晚上有定期祈禱聚會，您再過來開始禁食祈禱吧！」

接著牧師爲我進行簡單的祈禱。

第二天晚上，我再度來到這個小教會。說是教會，但其實只是擺了幾張椅子的小房間。我不安地環視「固定成員」們。坐在角落的流浪漢正呼呼大睡；兩位中年的巴西婦人，看起來還算「正常」。我決定坐在巴西婦人後面。

做禮拜的過程中，坐在前面的巴西婦人突然從椅子上站起來，好像繫著彈簧似地開始向後翻筋斗。身手之俐落，連體操選手都要甘拜下風。出生以來，從未看過如此奇特的光景，我瞪大眼睛，呆呆地啞口無言。我是不是來到奇怪的地方了？是不是要趕快離開？

但是我的身體動彈不得。牧師若無其實，泰然自若地看著那名婦人。就在這時，像瘋子一樣翻筋斗的婦人突然像現在死了一樣癱倒在地。

牧師以威嚴的口吻大喊：「以耶穌基督之名，魔鬼立刻退出這個女人的身體！走，放過這個女人！」

「不，我不出去，我要這個女人的命！」

可怕、尖銳的聲音從婦人口中傳出來，這不是她原本的聲音。

牧師再度叫道：「以耶穌之名驅逐你。立刻滾出去！」

這種場面讓人不禁聯想到電影〈大法師〉。一會兒，婦人發出的尖銳聲音停止了，然後是像恢復意識般從地板上坐起身。

牧師說這名婦人的鄰居被魔鬼利用，對她下了詛咒。她是爲了要從這詛咒脫身而參加這個禮拜儀式的。

若非親眼所見，我實在不敢相信會有這種事

後來經過追問才知道，原來角落的流浪漢是愛滋病患。他告訴我，上帝治療了他的愛滋病，改變了他的人生。我們全都是坐在同一艘船上的人。就這樣，我在這裡進行七週的禁食祈禱。

祈禱結束後的某一天，從醫院檢查返家後，電話裡有醫師的留言：「實在是太神奇了，請你務必回電。」

我擔心身體又有狀況，不安地打電話給醫師。

「所有的檢查結果都顯示，你的甲狀腺數值恢復正常了。像你這種不藥而癒的幸運兒，簡直是少之又少。」

這種無法以科學解釋的現象，我只能將之歸功於上帝的感召。

8 第二人生在等待著勝利者

二〇〇六年六月的某一天，我請搬家公司把我的行李全部運回首爾，離開生活十三年的紐約。那天正下著傾盆大雨，我在華爾街的奮鬥史，終於要落幕了。在人生中一扇門關起而又有另一扇門開啓時，看著端立在眼前黑幽幽的走道，心裡惴惴不安。

華爾街的人們不論何時都是懷著「退休」一詞生活著的。不只是完全沒有「強制退休」的概念，更因巨大的業務壓力而年紀輕輕就垂垂老矣的緣故。

他們比誰都熱切渴望變化，厭惡低劣的生活品質，卻拿不出勇氣將此處拒之門外。金錢和名利，讓他們淪陷了。他們知道，世界上再沒有任何地方能夠像華爾街一樣，提供滿足私慾的工具。就像一旦在紐約生活過的人，走到世界何處都會深覺走到衰退之路一樣。

我被工作壓迫得喘不過氣來，業務壓力已經超過身心所能負擔的程度，不得不重新思考未來的人生。最後，我聽從父母的建議，結束華爾街的生活，回到首爾。

然而，回到首爾後，開拓新人生的挑戰之困難，讓我不禁萌生退休之意。既然無法再扮演華爾街的大製作，就必須找出能夠給予我相同滿足感和成就感的工作。

有一天，在教會聽著佈道，牧師說了這樣的話：「如果您是在等待上帝給您的人生帶來什麼的話，改善您的生活最好的方法就是，將愛的種子散播給其他人的人生。隨時隨地幫助需要您的人。」

這一席話無疑是給我當頭棒喝。從那天起，我開始將所有的精力投注於幫助別人的服務活動。對我而言，現在比錢更爲珍貴的是「時間」。我仔細地思索著要怎麼做，才能有效率地幫助他人。

在華爾街培養出的犀利眼光，現在成爲評價慈善團體效率性的判斷基準。因爲慈善團體也是投資在人們的生活，這和企業如出一轍。

以前會擔心自己的捐款是否眞的用在需要的人身上，現在則是遍訪各慈善團體，從事自願服務活動，甚至加入柬埔寨、蒙古的醫療支援活動，協助籌措資金事宜。看到落後地區人民所經歷的痛苦，心情大爲震動。

透過這樣的活動，認識了許多新朋友，也重新體悟到管理非營利團體是多麼困難而重要的事。

原本是想要找到人生新的意義而從各種苦差事開始著手，沒想到卻有意外的收穫。不知不覺間，就被公認爲「社會責任」或非營利團體的營運等方面的專家，演講邀約不斷。

也因爲這樣，才有機會在KDI（韓國開發研究院）研究所講習。這與任職投資銀行時是完全相反的意義。儘管收入無法比較，但是教導學生們的成就感卻是什麼都無法取代的。我永遠無法忘記第一天進入這所學校的教室瞬間，所有職員們以極爲平和幸福的表情在工作的模樣。與華爾街交易中心的氣氛簡直有天壤之別。

昔日的朋友，看到我找到人生的新目標時，全都羨慕不已。甚至問道：「不會渴望錢嗎？」

「當然會，但是我有你們沒有的東西。成就感，以及生活的品質。」

我從那些朋友的眼神中發現某種渴望。對於從世界金融中心華爾街一躍而下的勇氣的渴望。

9 投資在其他人的人生

看到在尼泊爾傳教，將青春奉獻給上帝的一對年輕牧師夫妻，讓我感慨不已。

忽然想起自己三十歲時，爲了完成夢想和慾望，過著自私的生活。眼淚順著臉頰流下來，不禁羞愧地低下頭。

我在華爾街工作期間，每個遇到我的人，總是問我應該投資什麼。但是現在我想提供各位更有價值的答案：最卓越的投資是投資在其他人的生活。

幫助別人是值得驕傲的事。如果了解種什麼得什麼的宇宙法則，就可以知道從長期性的觀點來看，這世界上最好的投資就是幫助別人。在華爾街無論怎麼發揮睿智，也絕對無法獲得這樣的成果。

從華爾街引退回到首爾的我，從現在起，決定用和以前完全不同的方式度過我的人生。爲了寫這本書，回顧十三年的歲月，突然覺得過去如夢似幻，甚至覺得當時的經歷很不可思議。

我想與讀者分享過去所有行事謬誤而領會到的珍貴教訓。如果能對各位有所啓發，那就太好了。

全世界的人都一樣，都在尋找能夠填滿我們的心的幸福。對某些人來說，金錢、成功、愛情、結婚是屬於最高課題，但對於在許多人憧憬的世界舞台上達成華麗夢想的我，現在已經發現更值得我投入的新生活了。

在名利充斥的世界裡，即使握有再多的金錢和成功，其帶來的滿足感不過是虛幻的海市蜃樓，絕對不是眞正生活的完成。就是因爲這樣，我才離開華爾街。在那個地方工作的人，爲了賺錢，與眞正的幸福背道而馳。結果，很多人不到四十歲，就想脫離那個嚴苛的世界。

和運動比賽一樣，眞正分出勝敗的是後半場。不論成功還是失敗，四十歲之前經歷的，都不過是前半場的分數。

眞正能夠左右我們人生的，是在後半場獲得什麼成果、對其他人的人生起了什麼影響。從過去的經驗所領會的教訓，將成爲獻身於比在華爾街時更有價値且珍貴的事情的基底肥料。

我期盼閱讀我在華爾街的故事的各位，能夠感受到我想傳達的希望與勇氣。

後記

我從過去的一九八七年到二〇〇〇年爲止，十三年來親身體驗了多次的景氣和不景氣，讓我學到許多珍貴的教訓。其中一九八〇年代景氣正好，但日本市場卻在一九九〇年代初期跌落谷底。一九九〇年代初期，迎向全盛期的新興市場。一九九七年卻出現亞洲金融危機，然後是二〇〇〇年的網路泡沫化。

想要賺大錢，就必須先了解具有週期性的業界大藍圖。我總是告訴學生，要知道自己的工作在整個業界的潮流裡佔據何種位置，順著成長產業的潮流，才能獲得成功。在飽和產業或夕陽產業任職，再怎麼努力，成就也有限。

一九九七年金融危機以後的韓國社會，經歷戲劇化的社會、經濟的劇變。原本社會的領導層是四十幾歲和五十幾歲，二〇〇五年的輿論主導勢力，卻轉變爲十幾歲和二十幾歲。韓國的企業透過結構調整躍進世界競爭，既存的社會結構受到動搖。年資序列被破壞，提早退休和能力主義生根，學生們在教室裡提出的問題中，最讓人印象深刻的是，在工作沒有保障的情況下，如何預先做好面對未來的準備。

在投資銀行工作，可能今天被當成明星級的員工，明天就面臨被解雇的命運。在如此嚴苛的世界裡存活並獲得成功的我，就付出了極大的代價來提高自己的價值。面對變化快速的社會，個人的適應性非常重要。這不只是個人，也是在全球經濟的競爭裡存活的方法。

網路的普及，革命性地提高對資訊的接觸及速度。我們現在是生活在創意支配一切的世界裡，資本只是追隨其後。

像「谷歌（Google）」一樣，以創意爲根柢出發的企業，如果公開發行股票，數十億美元的資本就會蜂湧而至。這對許多具有企業家精神的人極富吸引力。

不久前去到日本，發現日本人和韓國人差異很大。日本股票市場泡沫化的痕跡，還是可以從很多面向看得出來。反之，韓國人卻充滿生氣，也許這正是韓國未來一片光明的理由。我在這裡發現，韓國因爲一九九七年的金融危機而歷經苦難的肯定性層面。韓國人雖然經歷巨大的苦難，但那反而成爲比日本人更有效地在世界舞台競爭的基礎。

一想到韓國這個國家那麼渺小，我就會勸年輕人盡量到國外看看，了解其他國家的文化。現在已經進入全球競爭的時代，不能只坐在家裡回味過去的榮景。在競爭中敗北的企業很難再立足，形成了超越國界的無限競爭環境。

這也出現在大學畢業還不能就業的現象。

韓國的教育體系最大的弱點之一是，過於重視形式勝於內涵。教育改革不是一朝一夕的事，所以我總是告誡學生，在學校學習固然重要，但是磨練更實質性的技能來拓寬自己的眼界更是當務之急。例如打工，或是透過自願性的服務，累積經驗和社會歷練。

進取的人不論何時都能找到符合自己關心領域的自願服務活動。最重要的是，一定要親身參與活動。這也是開拓人脈的機會，對於畢業後找工作有很大的幫助。

另外，建議大家要培養外語能力，尤其是英語。已經熟練英文的人，可以再學習第三外語，對未來的助益絕對超乎你的想像。

我還要求學生有機會一定要去中國看看，因爲中國的經濟發展早已對韓國構成極大的威脅。韓國想在全球競爭脫穎而出，就必須在特定的技術和產業領域中，發展出不遜於中國的特色。

中國的崛起，在亞洲地區引發許多複雜難題。韓國想要保持勢均力敵的地位，就不能吝於投資教育、研究開發和人力資源等。

名詞解釋

◆投資銀行（Investment Bank）

投資銀行雖名爲銀行，但在實務上或法律解釋上皆非銀行。一般銀行因法令規定，不得兼營或承銷證券買賣業務，而投資銀行卻以此爲主要業務，而且隨著金融環境變遷，企業併購、諮詢服務、創業投資、商業銀行等業務，皆可包含在投資銀行的業務範圍內。國外著名的投資銀行包含美林（Merri Lynch）、摩根史坦利添惠（MSDW）、雷曼兄弟（Lehman Brothers）、高盛證券（Goldman Sachs）等。台灣則有交通銀行及中華開發等，最具投資銀行色彩。

◆商業銀行（Commercial Bank）

一般的銀行是從客戶那裡接收存款，再將錢借貸給個人或法人。商業銀行則是指以個人或企業爲對象，接受存款和提供借貸，以從中獲取利益的銀行。韓國國內有以新韓銀行、國民銀行等爲首的銀行在執行商業銀行的業務。

在韓國指稱商業銀行時，若是使用小寫字母c開頭的「commercial bank」，是指稱一般的市中銀行。反之，使用大寫字母C開頭的「Commercial bank」，才是指商業銀行。

◆機構投資人（Institutional Investor）

設有基金經理人來管理所有年金、共同基金、各種基金等資金的機構投資者。反之，則是小額投資人或個人。是指法人型態的投資者，以儲蓄或其他方法組成的個人或法人的資金，善用專門知識來管理。主要投資在有價證券上，使收益極大化。韓國的投資信託銀行、證券公司、保險公司、相互信用金庫等都屬於此。機構投資者買賣下單時，不需付委託保證金，同時從上市法人那裡接受的分配金，亦不在課稅之列。

◆分析師（Analyst）

在投資銀行分析上市企業，並做成報告書推薦購買或賣出該股票的專門人員。

◆法人營業員（Institutional Salesperson）

在投資銀行負責法人客戶的關係管理，並創造手續費收入的專門人員。

◆交易人（Trader）

在投資銀行，業務員收到客戶的訂單時，擔任透過股票交易或其他仲介手段，買賣股票或債券的專門人員。是指買賣股票或債券時，專責交易或提供預測走勢意見，仲介客戶之間交易的人。

◆下單（Trade or Order）

客戶提出買賣股票或債券的請求。

◆套利交易（Arbitrage）

買入一個商品契約，同時賣出另一個商品契約，以獲取兩個契約間的差價為目的一種交易策略。套利交易的基本策略是買進價值被低估的商品，賣出價值被高估的商品。交易成本及資金成本越低，則享有越寬的套利區間。例如A公司要接收B公司，而B公司的股價比A公司低時，收買B公司的股票，即為套利交易。

從價格便宜的市場買入，在昂貴的市場賣掉，藉以獲得買賣潤差的行為。會發生同商品匯兌時的匯兌套利，以及債券時的利息套利，有助於將各自的價格以均衡價格還原。

匯兌套利（exchange arbitrage）是指利用匯兌行情的不均衡獲取利益。匯兌的行情也是價格的一種，統一的通貨行情在各國有一致的傾向，但是因為某種因素或依時差而統一通貨的匯兌行情發生差異時就會出現從行情低的市場買入而在行情高的市場賣掉的匯兌套利交易。

利息套利（interest arbitrage）則是指國際間存在利息差，將資金從低利息國移動到高利息國，以獲得利息潤差的交易。這樣的交易在即期外匯市場裡以賣掉低利息通貨和買入高利息通貨的方式完成。但是爲了排除匯兌風險，通常在高利息國的資金運用期間，會在遠期外匯市場做賣掉高利息國通貨，同時買入低利息國通貨的換匯交易。

◆避險基金（Hedge Fund）

又稱爲對沖基金，此基金的操作方式較具彈性，可運用放空投資標的、使用槓桿及買賣衍生性金融商品等非傳統技術及工具來規避風險增加收益，而較不受市場風險影響。傳統型投資係仰賴市場的表現來決定績效，而避險基金則是仰賴經理人的專業操作技術及經驗，所以避險基金以追求「絕對報酬」爲操作目標。

共同基金是以小額投資人爲對象而公開募集的基金，反之，避險基金是以少數的高額投資人爲對象所進行的私募投資資金。再者，共同基金是投資在股票、債券等安全性比較高的商品，而避險基金不只是股票債券，也積極投資衍生商品等可能會產生高風險、高收益的商品。

避險基金將衍生金融商品巧妙地組合，開發風險高的新種商品，所以被指稱是擾亂國際金融市場的要因。一九九八年年中，亞洲國家出現匯兌危機，就有人指責招致匯兌危機的主犯正是避險基金。

現在在國際金融市場裡的避險基金約有三千個，其中索羅斯成立的量子基金（Quantum Fund，一種組合式的避險基金）是國際市場中最著名的避險基金。

◆新興市場（Emerging Markets）

這是近年來的熱門投資名詞。這個名詞源自世界銀行於一九八一年首度定義，指的是當時全球中低收入國家，範圍遍及歐洲、拉丁美洲、亞洲、非洲、中東，但時至今日，這些國家經濟快速起飛，反倒成爲投資人青睞的淘金樂園。

世界銀行當初定義新興市場時，是以當時平均每人國民所得少於9,266美元的中低收入國家爲主，這些國家約佔全球百分之八十的人口，但經濟實力僅佔全球百分之二十。現在，這些未開發國家經濟實力快速發展，各國逐漸注意到新興市場。一般而言，新興市場可區分爲新興亞洲、新興歐洲、拉丁美洲、非洲、中東等區域。新興市場的基金具有爆發性的獲利機會，但波動風險較劇烈，適合積極冒險型的投資人。

◆韓國歐元票券（Korea Euro-papers）

一九九二年韓國股票市場開放前夕，所有韓國企業爲了海外投資者而發行可轉換公司債或基金。該證券因在歐洲市場交易，故取名爲歐元票券。

附錄

我在華爾街的日子

作者	李貞淑
譯者	林奕如
發行人	林敬彬
主編	楊安瑜
統籌編輯	蔡穎如
責任編輯	施雅棠
美術編排	洸譜創意設計股份有限公司
封面設計	洸譜創意設計股份有限公司
出版	大都會文化事業有限公司 行政院新聞局北市業字第89號
發行	大都會文化事業有限公司

110台北市基隆路一段432號4樓之9
讀者服務專線：(02)27235216
讀者服務傳真：(02)27235220
電子郵件信箱：metro@ms21.hinet.net
網　　址：www.metrobook.com.tw

郵政劃撥	14050529 大都會文化事業有限公司
出版日期	2007年4月初版一刷
定價	220元
ISBN 13	978-986-6846-00-7
書號	Success-021

The Wise Killer

Published by arrangement with Woongjin. ThinkBig Co., Ltd.

Metropolitan Culture Enterprise Co., Ltd.
4F-9, Double Hero Bldg., 432, Keelung Rd., Sec. 1, Taipei 110, Taiwan
TEL:+886-2-2723-5216 FAX:+886-2-2723-5220
e-mail:metro@ms21.hinet.net
Website:www.metrobook.com.tw

大都會文化
METROPOLITAN CULTURE
大都會文化

國家圖書館出版品預行編目資料

我在華爾街的日子 / 李貞淑著：林奕如譯.
--初版.--臺北市 ： 大都會文化, 2007[民96]
面： 公分.--(Success ：21)
ISBN 978-986-6846-00-7(平裝)
1.李貞淑-傳記 2.企業管理

783.28　　　96002456

大都會文化圖書目錄

●度小月系列

路邊攤賺大錢【搶錢篇】	280元	路邊攤賺大錢2【奇蹟篇】	280元
路邊攤賺大錢3【致富篇】	280元	路邊攤賺大錢4【飾品配件篇】	280元
路邊攤賺大錢5【清涼美食篇】	280元	路邊攤賺大錢6【異國美食篇】	280元
路邊攤賺大錢7【元氣早餐篇】	280元	路邊攤賺大錢8【養生進補篇】	280元
路邊攤賺大錢9【加盟篇】	280元	路邊攤賺大錢10【中部搶錢篇】	280元
路邊攤賺大錢11【賺翻篇】	280元	路邊攤賺大錢12【大排長龍篇】	280元

●DIY系列

路邊攤美食DIY	220元	嚴選台灣小吃DIY	220元
路邊攤超人氣小吃DIY	220元	路邊攤紅不讓美食DIY	220元
路邊攤流行冰品DIY	220元	路邊攤排隊美食DIY	220元

●流行瘋系列

跟著偶像FUN韓假	260元	女人百分百—男人心中的最愛	180元
哈利波特魔法學院	160元	韓式愛美大作戰	240元
下一個偶像就是你	180元	芙蓉美人泡澡術	220元
Men力四射—型男教戰手冊	250元	男體使用手冊—35歲+♂保健之道	250元

●生活大師系列

遠離過敏—打造健康的居家環境	280元	這樣泡澡最健康—紓壓・排毒・瘦身三部曲	220元
兩岸用語快譯通	220元	台灣珍奇廟—發財開運祈福路	280元
魅力野溪溫泉大發見	260元	寵愛你的肌膚—從手工香皂開始	260元
舞動燭光—手工蠟燭的綺麗世界	280元	空間也需要好味道—打造天然相氛的68個妙招	260元
雞尾酒的微醺世界—調出你的私房Lounge Bar風情	250元	野外泡湯趣—魅力野溪溫泉大發見	260元
肌膚也需要放輕鬆—徜徉天然風的43項舒壓體驗	260元	辦公室也能做瑜珈—上班族的紓壓活力操	200元
別再說妳不懂車—男人不教的Know How	249元	一國兩字—兩岸用語快譯通	200元
宅典	288元		

●寵物當家系列

Smart養狗寶典	380元	Smart養貓寶典	380元
貓咪玩具魔法DIY—讓牠快樂起舞的55種方法	220元	愛犬造型魔法書—讓你的寶貝漂亮一下	260元
我的陽光・我的寶貝—寵物眞情物語	220元	漂亮寶貝在你家—寵物流行精品DIY	220元
我家有隻麝香豬—養豬完全攻略	220元	Smart 養狗寶典（平裝版）	250元
生肖星座招財狗	200元	Smart 養貓寶典（平裝版）	250元

●人物誌系列

現代灰姑娘	199元	黛安娜傳	360元
船上的365天	360元	優雅與狂野—威廉王子	260元
走出城堡的王子	160元	殞逝的英格蘭玫瑰	260元
貝克漢與維多利亞—新皇族的眞實人生	280元	幸運的孩子—布希王朝的眞實故事	250元
瑪丹娜—流行天后的眞實畫像	280元	紅塵歲月—三毛的生命戀歌	250元
風華再現—金庸傳	260元	俠骨柔情—古龍的今生今世	250元
她從海上來—張愛玲情愛傳奇	250元	從間諜到總統—普丁傳奇	250元
脫下斗篷的哈利—丹尼爾・雷德克里夫	220元	蛻變—章子怡的成長紀實	260元
強尼戴普—可以狂放叛逆，也可以柔情感性	280元	棋聖 吳清源	280元

●心靈特區系列

每一片刻都是重生	220元	給大腦洗個澡	220元
成功方與圓—改變一生的處世智慧	220元	轉個彎路更寬	199元
課本上學不到的33條人生經驗	149元	絕對管用的38條職場致勝法則	149元
從窮人進化到富人的29條處事智慧	149元	成長三部曲	299元
心態—成功的人就是和你不一樣	180元	當成功遇見你-迎向陽光的信心與勇氣	180元
改變，做對的事	180元	智慧沙	199元
課堂上學不到的100條人生經驗	199元	不可不防的13種人	199元
不可不知的職場叢林法則	199元		

●SUCCESS系列

七大狂銷戰略	220元	打造一整年的好業績—店面經營的72堂課	200元
超級記憶術—改變一生的學習方式	199元	管理的鋼盔—商戰存活與突圍的25個必勝錦囊	200元
搞什麼行銷—152個商戰關鍵報告	220元	精明人聰明人明白人—態度決定你的成敗	200元
人脈=錢脈—改變一生的人際關係經營術	180元	搜精・搜驚・搜金—從Google的致富傳奇中，你學到了什麼？	199元
搶救貧窮大作戰の48條絕對法則	220元	週一清晨的領導課	160元
殺出紅海—漂亮勝出的104個商戰奇謀	220元	客人在哪裡？—決定你業績倍增的關鍵細節	200元
絕對中國製造的58個管理智慧	200元	商戰奇謀36計—現代企業生存寶典	180元
商戰奇謀36計—現代企業生存寶典II	180元	商戰奇謀36計—現代企業生存寶典III	180元
幸福家庭的理財計畫	250元	巨賈定律— 商戰奇謀36計	498元
有錢眞好！—輕鬆理財的10種態度	200元	創意決定優勢	180元
我在華爾街的日子	220元		

●都會健康館系列

秋養生一二十四節氣養生經	220元	春養生一二十四節氣養生經	220元
夏養生一二十四節氣養生經	220元	冬養生一二十四節氣養生經	220元
春夏秋冬養生套書	699元	寒天一0卡路里的健康瘦身新主張	200元
地中海纖體美人湯飲	220元		

●CHOICE系列

入侵鹿耳門	280元	蒲公英與我一聽我說說畫	220元
入侵鹿耳門（新版）	199元	舊時月色（上輯+下輯）	各180元
清塘荷韻	280元	飲食男女	200元

●FORTH系列

印度流浪記一滌盡塵俗的心之旅	220元	胡同面孔一古都北京的人文旅行地圖	280元
尋訪失落的香格里拉	240元	今天不飛一空姐的私旅圖	220元
紐西蘭奇異國	200元	從古都到香格里拉	399元
馬力歐帶你瘋台灣	250元	瑪杜莎豔遇鮮境	180元

●大旗藏史館

大清皇權遊戲	250元	大清后妃傳奇	250元
大清官宦沈浮	250元	大清才子命運	250元
開國大帝	220元		

●大都會運動館

野外求生寶典一活命的必要裝備與技能	260元	攀岩寶典一安全攀登的入門技巧與實用裝備	260元

●大都會休閒館

賭城大贏家一逢賭必勝祕訣大揭露	240元	旅遊達人一行遍天下的109個 Do & don't	250元
萬國旗之旅一輕鬆成爲世界通	240元		

●FOCUS系列

中國誠信報告	250元	中國誠信的背後	250元
誠信	250元		

●禮物書系列

印象花園 梵谷	160元	印象花園 莫內	160元
印象花園 高更	160元	印象花園 竇加	160元
印象花園 雷諾瓦	160元	印象花園 大衛	160元
印象花園 畢卡索	160元	印象花園 達文西	160元
印象花園 米開朗基羅	160元	印象花園 拉斐爾	160元
印象花園 林布蘭特	160元	印象花園 米勒	160元
絮語說相思 情有獨鍾	200元		

●工商管理系列

二十一世紀新工作浪潮	200元	化危機爲轉機	200元
美術工作者設計生涯轉轉彎	200元	攝影工作者快門生涯轉轉彎	200元
企劃工作者動腦生涯轉轉彎	220元	電腦工作者滑鼠生涯轉轉彎	200元
打開視窗說亮話	200元	文字工作者撰錢生活轉轉彎	220元
挑戰極限	320元	30分鐘行動管理百科（九本盒裝套書）	799元
30分鐘教你自我腦內革命	110元	30分鐘教你樹立優質形象	110元
30分鐘教你錢多事少離家近	110元	30分鐘教你創造自我價值	110元
30分鐘教你Smart解決難題	110元	30分鐘教你如何激勵部屬	110元
30分鐘教你掌握優勢談判	110元	30分鐘教你如何快速致富	110元
30分鐘教你提昇溝通技巧	110元		

●精緻生活系列

女人窺心事	120元	另類費洛蒙	180元
花落	180元		

●CITY MALL系列

別懷疑！我就是馬克大夫	200元	愛情詭話	170元
唉呀！眞尷尬	200元	就是要賴在演藝圈	180元

●親子教養系列

我家小孩愛看書─Happy學習easy go！	220元	天才少年的5種能力	280元
孩童完全自救寶盒（五書+五卡+四卷錄影帶）			3,490元（特價2,490元）
孩童完全自救手冊─這時候你該怎麼辦（合訂本）			299元
哇塞！你身上有蟲！學校忘了買，老師不敢教，史上最髒科學書			250元

●BEST系列

人脈=錢脈 ─改變一生的人際關係經營術（典藏精裝版）	199元

◎關於買書：

1、大都會文化的圖書在全國各書店及誠品、金石堂、何嘉仁、搜主義、敦煌、紀伊國屋、諾貝爾等連鎖書店均有販售，如欲購買本公司出版品，建議你直接洽詢書店服務人員以節省您寶貴時間，如果書店已售完，請撥本公司各區經銷商服務專線洽詢。

北部地區：(02)29007288 桃竹苗地區：(03)2128000 中彰投地區：(04)27081282
雲嘉地區：(05)2354380 臺南地區：(06)2642655 高雄地區：(07)3730079
屏東地區：(08)7376441

2、到以下各網路書店購買：

大都會文化網站 (http://www.metrobook.com.tw)
博客來網路書店 (http://www.books.com.tw)
金石堂網路書店 (http://www.kingstone.com.tw)

3、到郵局劃撥：

戶名：大都會文化事業有限公司　帳號：14050529

4、親赴大都會文化買書可享8折優惠。

大都會文化　讀者服務卡

書名：**我在華爾街的日子**

謝謝您選擇了這本書！期待您的支持與建議，讓我們能有更多聯繫與互動的機會。
日後您將可不定期收到本公司的新書資訊及特惠活動訊息。

A. 您在何時購得本書：_____年_____月_____日

B. 您在何處購得本書：__________書店，位於__________(市、縣)

C. 您從哪裡得知本書的消息：
1.□書店　2.□報章雜誌　3.□電台活動　4.□網路資訊
5.□書籤宣傳品等　6.□親友介紹　7.□書評　8.□其他

D. 您購買本書的動機：（可複選）
1.□對主題或內容感興趣　2.□工作需要　3.□生活需要
4.□自我進修　5.□內容為流行熱門話題　6.□其他

E. 您最喜歡本書的：（可複選）
1.□內容題材　2.□字體大小　3.□翻譯文筆　4.□封面　5.□編排方式　6.□其他

F. 您認為本書的封面：1.□非常出色　2.□普通　3.□毫不起眼　4.□其他

G. 您認為本書的編排：1.□非常出色　2.□普通　3.□毫不起眼　4.□其他

H. 您通常以哪些方式購書：(可複選)
1.□逛書店　2.□書展　3.□劃撥郵購　4.□團體訂購　5.□網路購書　6.□其他

I. 您希望我們出版哪類書籍：（可複選）
1.□旅遊　2.□流行文化　3.□生活休閒　4.□美容保養　5.□散文小品
6.□科學新知　7.□藝術音樂　8.□致富理財　9.□工商企管　10.□科幻推理
11.□史哲類　12.□勵志傳記　13.□電影小說　14.□語言學習（____語）
15.□幽默諧趣　16.□其他

J. 您對本書(系)的建議：

K. 您對本出版社的建議：

讀者小檔案
姓名：____________性別：□男　□女　生日：____年___月___日
年齡：1.□20歲以下 2.□21—30歲 3.□31—50歲 4.□51歲以上
職業：1.□學生 2.□軍公教 3.□大眾傳播 4.□服務業 5.□金融業 6.□製造業
7.□資訊業 8.□自由業 9.□家管 10.□退休 11.□其他
學歷：□國小或以下 □國中 □高中／高職 □大學／大專 □研究所以上
通訊地址：______________________________
電話：（H）____________（O）____________傳真：____________
行動電話：____________ E-Mail：____________________
◎謝謝您購買本書，也歡迎您加入我們的會員，請上大都會文化網站www.metrobook.com.tw
登錄您的資料，您將會不定期收到最新圖書優惠資訊及電子報。

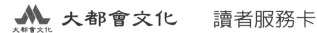

廣告回函
北區郵政管理局
登記證北台字第9125號
免貼郵票

大都會文化事業有限公司
讀者服務部 收
110台北市基隆路一段432號4樓之9

寄回這張服務卡〔免貼郵票〕
您可以：
◎不定期收到最新出版訊息
◎參加各項回饋優惠活動

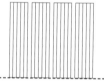

我在華爾街的日子

大都會文化
METROPOLITAN CULTURE

大都會文化
METROPOLITAN CULTURE

大都會文化
METROPOLITAN CULTURE

大都會文化
METROPOLITAN CULTURE